Francisco Ferrer

Un Martyr des Prêtres

FRANCISCO
FERRER

Sa Vie - Son Œuvre

PUBLIÉ PAR

le Comité de défense des Victimes de la répression espagnole

Prix : 60 Centimes

Schleicher Frères.

LIGUE INTERNATIONALE

POUR

L'ÉDUCATION RATIONNELLE DE L'ENFANCE

Fondateur : FRANCISCO FERRER

SECRÉTARIAT : 15, rue du Parc-Montsouris. — PARIS

Pour reparaître très prochainement :

L'ECOLE RÉNOVÉE

Revue d'Éducation Rationnelle

ADMINISTRATION ET RÉDACTION

LIBRAIRIE SCHLEICHER FRÈRES

8, Rue Monsieur-le-Prince

PARIS

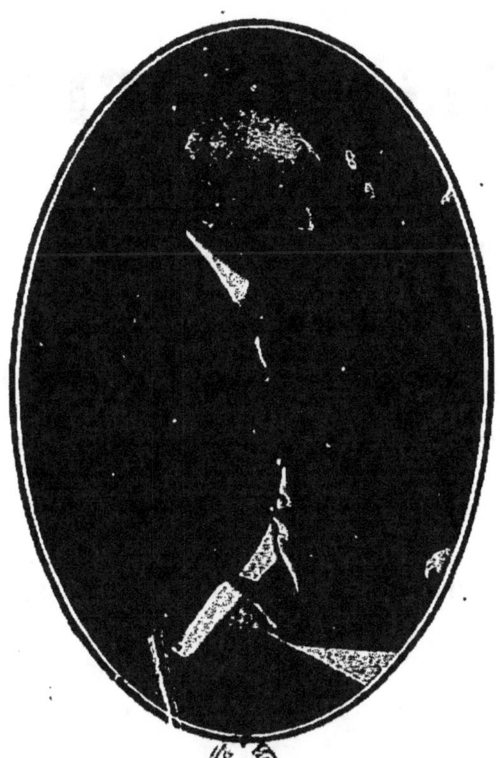

FRANCISCO FERRER

Francisco Ferrer

10 JANVIER 1859 — 13 OCTOBRE 1909

SA VIE — SON ŒUVRE

Publié par

le Comité de Défense des Victimes de la répression espagnole

PARIS

LIBRAIRIE SCHLEICHER FRÈRES

8, RUE MONSIEUR-LE-PRINCE, 8

PRÉFACE DES ÉDITEURS

Dans la soirée du 13 octobre 1909, le vieux Paris de la grande Révolution, la Rome éternelle qui deux fois s'est reconquise sur les empereurs et les papes, l'Angleterre libérale, l'Allemagne philosophe, la Belgique indépendante, et les peuples de l'Europe centrale, et l'Amérique républicaine, tout le monde civilisé en un mot, était frappé d'une indicible stupeur. Francisco Ferrer, le fondateur de l'Ecole Moderne à Barcelone, l'éditeur rationaliste, le directeur de la Revue l'Ecole Rénovée, le Président de la Ligue internationale pour l'Education rationnelle de l'enfance, venait d'être fusillé par la très catholique monarchie espagnole.

Oui, au quinzième siècle, l'Eglise catholique avait supplicié Jean Huss, Savonarole et Gérôme de Prague ; au seizième, Etienne Dolet et Vanini ; au dix-septième, Giordano Bruno ; au dix-huitième, le chevalier de la Barre. Mais depuis deux siècles, l'Europe intellectuelle et civilisée avait cru close à jamais l'ère des bûchers et des supplices pour crime de pensée. Aussi était-elle secouée d'indignation. Et, tout entière, elle entendait par sa protestation véhémente, manifester sa volonté puissante de mettre obstacle aux projets insensés de la gent monacale. Elle criait par la voix de millions d'hommes que la mémoire de Ferrer serait vengée, que son œuvre serait continuée et que désormais le jour était proche où la pauvre Espagne, illettrée et superstitieuse, serait enfin libérée à jamais de ses monarques très catholiques et de ses prêtres.

C'est pourquoi, nous publions cette brochure, non comme l'hommage traditionnel accordé aux disparus qui cheminent lentement sur la route de l'oubli, mais comme une manifestation de notre reconnaissance et de la reconnaissance anticipée des générations futures envers celui qui vivra éternellement pour l'émancipation des peuples et l'exécration de leurs oppresseurs.

Francisco Ferrer

LES DÉBUTS

L'homme qui vient de succomber sous le fana-
tisme haineux du clergé espagnol, était un apôtre. Il en
avait la conviction tranquille, la simplicité, la droiture
absolue. Dès sa jeunesse, la modestie et la conviction se
révèlent dans tous ses actes. Doué d'une énergie admirable, il ne se rebuta jamais, et lorsqu'un obtacle infranchissable se rencontrait sur sa route, cette merveilleuse intelligence, au service d'une volonté de fer, continuait son
œuvre sous une autre forme, mais toujours avec le même
courage.

Quiconque s'était entretenu quelques instants avec lui
était frappé de sa courtoisie et de son sens pratique.
Esprit très avisé, il ne pensait pas avoir accompli du
premier coup une œuvre définitive dans un pays où tout
est à faire, mais cherchait au contraire à la perfectionner
chaque jour davantage. Et dans cette tête puissante aux
yeux doux, un éclair illuminait le regard lorsqu'un succès
venait poser un nouveau jalon dans l'œuvre de la libération.

Ferrer parlait peu et écoutait beaucoup. Il aimait à s'en-
tourer d'intellectuels. Ses relations à Paris, où il vivait
depuis longtemps, étaient considérables. A Londres, à
Bruxelles, à Rome, il était connu de tout ce qui pense, de
tout ce qui travaille à l'œuvre scientifique du vingtième
siècle et à la libération de l'humanité. Il sollicitait les
avis de chacun, suivait avec intérêt les discussions et en
tenait toujours largement compte.

Modeste, doux, avisé : tel était Francisco Ferrer.

Il avait fini par limiter son effort à l'instruction rationnelle de ses compatriotes. C'était là, à ses yeux, la tâche la plus efficace à accomplir en Espagne, et il s'y adonnait tout entier.

Il faut d'ailleurs reconnaître qu'elle était immense dans un pays qui, sur 100 habitants en compte 80 à 85 de complètement illettrés, ne sachant pas lire leur nom.

En accomplissant cette tentative admirable à laquelle il consacrait tout son temps et toute sa fortune, Ferrer s'était attiré l'aversion du clergé. Cette classe toute puissante en Espagne, a réussi jusqu'à présent à maintenir la mentalité de la plus grande partie de la péninsule au niveau de ce qu'elle était sous Charles-Quint. L'enseignement catholique y est donné de telle façon qu'il aboutit souvent à un fétichisme grossier. C'est ainsi qu'il n'est pas rare de trouver, dans les provinces méridionales, des femmes manifestant avec enthousiasme leur vive affection pour certaines statues de « vierges » et leur profond mépris pour certaines autres.

Dans ce malheureux pays, le prêtre, vantard et insolent, grand amateur de courses de taureaux, débauché et sans scrupules, est encore le maître. Il tient en mains l'honneur et la sécurité des familles, donne conseil sur l'emploi des fortunes, intervient dans les dispositions testamentaires et a la haute main sur la vie de tous. Par son action rétrograde, il empêche tout progrès, annihile toute exploitation industrielle ou agricole, et fulmine contre les provinces laborieuses, qui, par l'exploitation de leur richesse naturelle, prennent le goût de la liberté.

C'est ainsi que la malheureuse Espagne, ralliée à grand' peine au mouvement industriel de l'Europe, a laissé ses plus riches provinces au point où elles étaient sous les Maures. Et toutes les personnes qui ont visité l'Andalousie, ont été frappé de ce fait que ce pays merveilleux est à peu près inexploité.

Le prêtre veut conserver son pouvoir. Il lance la même anathème contre le libéral, le républicain et le franc-maçon qu'il englobe sous la même épithète d'anarchistes, ce qui dans sa bouche veut dire incendiaires. Il déclare qu'il y a encore trop de liberté en Espagne, car cette liberté ne maintient pas une union suffisante à son gré entre les membres du clergé et l'oblige à subir à son corps défendant la monarchie alphonsiste qu'il abhorre et dont il souhaite la chute.

Mais il n'abandonne pas son rêve de puissance absolue. Aussi désigne-t-il comme des pays de perdition cette Catalogne laborieuse et républicaine, cette magnifique province de Valence et les villes industrielles du Nord. Il souhaite, lui aussi, une révolution, même républicaine, à la faveur de laquelle il pense pouvoir restaurer la monarchie absolue sur le trône d'Espagne.

C'est cette puissance formidable contre laquelle devait se briser notre grand ami en fondant l'Ecole Moderne.

*
* *

Francisco Ferrer y Guardia naquit le 10 janvier 1859, à Alella, joli village situé à 15 kilomètres au nord de Barcelone, dans une riante vallée bordant la mer et plantée d'orangers. Il avait de nombreux frères et sœurs. Ses parents, agriculteurs aisés, étaient fort attachés à la royauté et profondément catholiques. Il reçut son éducation dans sa famille, éducation très religieuse par conséquent. Mais alors que Francisco suivait très respectueusement les croyances des siens, son frère José manifestait une véritable aversion pour les objets de piété, s'obstinant à détruire ceux qu'il trouvait et arrachant les scapulaires cachés dans la doublure de ses vêtements. Francisco, au contraire, sentimental et doux, ne faisait aucune résistance à l'enseignement religieux qui lui était donné et fut même, à l'âge de dix ans, enfant de chœur à l'église de son village.

Vers l'âge de treize à quatorze ans, il entra comme employé dans une maison de draperies de Barcelone, dont le chef avait eu beaucoup à souffrir du clergé et qui était franchement libre-penseur. Il se prit d'amitié pour le jeune Francisco, dont il appréciait beaucoup l'intelligence vive et la sentimentalité. C'est lui qui commença à lui ouvrir les yeux, et c'est principalement sous son influence que Francisco devint anticlérical. Par la suite, Ferrer et ce commerçant conservèrent toujours des relations d'amitié.

Jusqu'à l'âge de vingt et un ans, la vie de Francisco Ferrer s'écoula tout entière dans le travail et l'étude. Il avait appris le castillan, langue officielle que les Catalans s'abstiennent totalement de parler, car la Catalogne a encore conservé ses vieilles tendances séparatistes. Puis, il fit seul son instruction générale avec les quelques ouvrages que lui prêtait son patron le marchand drapier.

Ayant été remplacé lors de la conscription, il fit une demande et fut agréé comme contrôleur de route à la Compagnie des Chemins de fer du Nord de l'Espagne, et épousa une Catalane, Mlle Thérèse Sanuarti, de quelques mois moins âgée que lui, dont il eut plusieurs enfants. En 1884, il était initié à la Franc-Maçonnerie dans la Loge *Verdad* de Barcelone. Lors de la naissance de sa première fille Trinidad, il avait consenti à la laisser baptiser et lui donner un nom très catholique. Mais ce fut la dernière concession, car ses autres enfants ne furent pas baptisés et se nommèrent Paz (*Paix*), Luz (*Lumière*), Sol (*Soleil*) et son fils Riégo, en souvenir du général pour lequel Ferrer professait une vive admiration. Sa fille Trinidad raconte même avec émotion que, toute enfant, son père lui faisait souvent l'éloge du général, qui avait montré devant le peloton d'exécution un courage héroïque. (1)

En 1886, le 19 septembre, Ferrer étant toujours contrôleur des chemins de fer, prend part à l'échauffourée de Villacampa à Santa-Coloma de Farnez. On se souvient de cette affaire. La régence de Marie-Christine n'inspirait aucune confiance à la nation. Les républicains tentèrent

(1) Trinidad, alors qu'elle était enfant, était déjà la confidente de son père. Dans toutes ses promenades, il l'emmenait, la conduisant par la main, et lui contait souvent la mort du général Riégo. Dans la situation du général, disait-il, son courage serait identique. Mais la petite Trinidad, en fière Catalane, s'enorgueillissant de ces propos, manifestait un doute. Alors son « bon papa », comme elle l'appelle encore, lui disait que les libres-penseurs républicains savent regarder la mort avec tranquillité.

un *pronunciamiento* pour proclamer la République en Espagne, qui échoua complètement (1).

Obligé de s'expatrier précipitamment, il arrive à Paris avec sa famille et devient secrétaire de Ruiz Zorilla, un des chefs du parti républicain espagnol, avec qui il se lia bientôt d'amitié.

Il continue néanmoins avec énergie la propagande républicaine et anticléricale. Le 26 mars 1890, il est affilié à la Maçonnerie française, où il obtiendra plus tard les plus hauts grades. Ses deux filles aînées, Trinidad et Paz, sont peu après l'objet d'une cérémonie d'adoption.

Pendant les vacances scolaires, il voyage en Espagne pour répandre sa foi. Il fait traduire en espagnol et publier dans son pays divers ouvrages destinés à appuyer son œuvre anticléricale. Ferrer travaille beaucoup, se tient

(1) Dans la nuit du dimanche au lundi, vers minuit, la reine Marie-Christine et le premier ministre Sagasta étant absents de Madrid, le mouvement éclata dans la caserne San-Gil. 85 cavaliers du régiment d'Albuero et 185 hommes du régiment d'infanterie de Guarella, menés par quelques officiers et sous-officiers, quittèrent la caserne, en criant : « Vive la République ! Vive Salmeron ! » A leur tête se trouvait le général de brigade républicain Villacampa.

Les insurgés se dirigèrent vers la caserne des Docks pour entraîner leurs camarades et enlever le parc d'artillerie. Le gouverneur de Madrid, général Pavia, réunit les troupes demeurées fidèles et se mit à la poursuite des révoltés. Il les rejoignit près de la gare du Midi et les somma de se rendre. Les rebelles répondirent par un feu de salve, mais ne se sentant pas soutenus par les troupes casernées aux Docks, s'enfuirent dans les environs de Madrid. Une centaine d'entre eux firent chauffer un train dans la gare.

Poursuivis dans la campagne, presque tous furent arrêtés ; plusieurs finirent par se rendre.

Le gouvernement procéda à une cinquantaine d'arrestations de chefs des partis zorrilliste et républicain radical et proclama l'état de siège.

Villacampa fut arrêté le 23 septembre suivant dans un village appelé Noblejos, situé dans la province de Tolède. Il fut condamné à mort ainsi que plusieurs officiers et civils, mais, devant les protestations de l'opinion publique, sa peine fut commuée en celle de la déportation perpétuelle. La commutation de peine parvint alors qu'il était déjà « en chapelle » avec ses camarades, attendant l'exécution. Le général fut transporté à Fernando Po, où il ne tarda pas à mourir.

constamment au courant de la science et complète son instruction personnelle.

Vers 1893, le ménage Ferrer n'étant plus suffisamment uni, les époux se séparent — le divorce n'étant pas admis par la loi espagnole — et Francisco Ferrer prend ses deux filles aînées qu'il conduit en Australie, où elles recevront leur éducation.

Ferrer, installé à Paris, donne ensuite des leçons d'espagnol avec Mme Ferrer pour subvenir aux besoins de leur famille. Présenté par M. Rotival, directeur de l'Association philotechnique, dont il était l'ami, comme professeur d'espagnol à l'Association, il fait des cours gratuits à la section du Temple à partir du 19 février 1894. En 1895, il fait également un cours à la section du Lycée Condorcet, et professe concurremment dans ces deux sections jusqu'en 1898, époque à laquelle il conserve seulement le cours gratuit du Lycée Condorcet. Il publiait à ce moment un cours d'*Espagnol pratique*, très estimé, et que l'Association continue à employer. A partir de 1901, il cesse sa collaboration à l'Association, car il vient d'être absorbé par la création de l'Ecole Moderne, à Barcelone.

Vers 1894 s'était passé dans la vie de Ferrer un événement d'une importance capitale.

Un jour, une dame âgée accompagnée de sa fille, vint rendre visite à Ferrer. C'étaient Mme et Mlle Meunier. Elles avaient la passion des voyages. Désirant visiter l'Espagne, elles cherchaient un professeur d'espagnol et des amis communs les avaient adressées à Ferrer.

Pendant un certain temps, ces dames vinrent toutes deux chez Ferrer prendre leurs leçons sans que les rapports fussent autres que ceux de professeur à élève. Mais bientôt les relations devinrent amicales, et Ferrer ayant hasardé quelques appréciations sur le catholicisme, il apprit bien vite que ses élèves étaient profondément pieuses.

Cependant, avec l'esprit de prosélytisme que lui ont connu tous ceux qui l'ont approché, il ne désespère pas d'entamer les convictions de ses amies. Mais plusieurs années après, il n'y était point encore parvenu. Et Mlle Meunier, fatiguée de l'insistance de Ferrer, cessait ses visites.

Mais, quelque temps après, ayant conservé pour Ferrer une vive sympathie, elle lui faisait connaître son désir de reprendre les relations.

Pourtant, ce dernier ne croit plus maintenant à la possibilité d'instituer en Espagne une République durable. Il ne croit plus aux *pronunciamientos* ni à la liberté dans ce pays, tant que le peuple croupira dans l'ignorance. A Barcelone même, ville pourtant la plus importante de l'Espagne, le nombre des illettrés est considérable. Il faut donc tenter d'éclairer le pays et, à la faveur de l'instruction, le peuple pourra faire un usage rationnel de son indépendance. Mais auparavant il n'y faut pas compter. L'Espagne est décidément trop arriérée.

Il s'acharne à cette idée, s'intéresse particulièrement aux questions de pédagogie, examine avec soin toutes les théories émises à l'étranger sur ce problème capital. Finalement, il s'ouvre de cette préoccupation constante à Mlle Meunier qui, enthousiasmée par la conviction profonde qu'elle voit chez son interlocuteur, lui offre spontanément les fonds nécessaires pour la création de la première Ecole Moderne. Dans des conversations ultérieures, ayant fait ressortir qu'elle restait désormais sans famille, elle informe Ferrer de son intention de lui léguer une maison qu'elle possède à Paris. Ferrer accepte, à la condition que cette fortune servira principalement à la création d'Ecoles laïques à Barcelone. Quant à Mlle Meunier, elle spécifie à Ferrer qu'elle ne mettra dans son testament aucune clause restrictive. Mlle Meunier mourut en 1901.

Ferrer entre en possession de l'héritage. Mais sa vie personnelle n'a pas changé ; elle est toujours d'une modestie exemplaire. Cet homme distingué, à qui une fortune vient d'échoir par un coup du hasard, continue à occuper un très modeste appartement au n° 43 de la rue Richer, et n'a pour tout domestique qu'une femme de ménage, comme précédemment (1). Il fait de fréquents séjours à Bar-

(1) Quoiqu'il n'eut pas modifié sa situation personnelle. et que la plus grande partie de la succession serve à l'entretien de l'Ecole, Ferrer ne néglige pas sa famille, comme on a osé le prétendre. Il faisait une pension à ses enfants pour les mettre à l'abri du besoin, et continua à le faire jusqu'à son arrestation.

celone pour l'organisation de l'École Moderne, y installe des instituteurs et des institutrices. L'une d'elles, femme d'une rare intelligence, Mme Soledad Villafranca, s'intéresse passionnément à l'œuvre entreprise et devient l'amie de Ferrer.

Il nous reste à dire ce que furent donc l'*École Moderne*, et toutes les œuvres qui en furent la conséquence, la maison d'édition ayant pour firme : *Publications de l'École Moderne*, puis, plus tard, la revue l'*École Rénovée*, et la *Ligue internationale pour l'éducation rationnelle de l'enfance*.

L'ÉCOLE MODERNE ET SES FILIALES

I. L'Ecole Moderne

En possession de l'héritage légué par Mlle Meunier, Ferrer se mit immédiatement à l'œuvre et employa toute son activité à créer en Espagne le premier noyau de cet enseignement laïque dont il espérait tout.

Il avait, d'ailleurs, été précédé dans cette voie par les tentatives de quelques hommes d'élite, appartenant comme lui à la classe moyenne. Les démocrates espagnols, malgré les dangers et les périls que présentait cette tâche, avaient fait de grands sacrifices pour enlever à l'Eglise son hégémonie en matière d'enseignement. Des écoles avaient été fondées, presque toutes dans les provinces de Barcelone et de Valence, par les républicains de ces régions.

A San-Felice de Guipolo (Catalogne), une école laïque, la *Verdad* (la Vérité) avait été fondée en 1885, et elle était devenue la plus importante de toutes celles — religieuses ou non — que comprenait la ville.

Une société de Libre-Pensée existant à Madrid en 1888, la « Société des Amis du Progrès », avait pour but, « la création et la protection d'écoles laïques des deux sexes avec toutes les classes et tous les grades nécessaires ».

Au Congrès international de la Libre-Pensée, en 1889, et où étaient représentées plus de soixante sociétés espagnoles, de nombreux rapports montrèrent que toutes celles-ci cherchaient à développer ce mouvement de l'école laïque, et que leurs efforts rencontraient quelque succès. Le savant Odon de Buen déclarait alors qu'un des objets principaux du travail de la Libre-Pensée en Espagne était la protection de l'éducation libre.

Certaines de ces fondations étaient faites, comme devaient l'être celles de Ferrer, avec des legs.

« Telle était l'atmosphère et telle la tendance des sentiments, par rapport à la place de la religion dans les écoles, pendant les dix ans et plus d'expériences et de préparation, précédant la fondation, en 1901, de l'Ecole Moderne. Pendant tout ce temps, en Espagne, des groupes de penseurs avancés — socialistes, anarchistes, libres-penseurs, trade-unionistes, coopérateurs, etc. — avaient rassemblé leurs fonds en commun, formé des comités représentatifs, établi des écoles, acheté du matériel et loué des locaux, dans le but de s'affranchir, eux et leurs enfants, de l'esclavage, de l'ignorance et de l'influence aveuglante de la superstition. ils étaient franchement décidés à faire eux-mêmes ce que le gouvernement était trop nonchalant à faire. Et lorsque Ferrer, en avril 1906, alla de l'avant dans le but de coordonner les écoles laïques d'Espagne, de les doter de nouveaux manuels et d'amener leur méthode d'enseignement au niveau des méthodes de pédagogie les plus modernes et les plus avancées, le coup ainsi porté à l'obscurantisme théologique et politique fut profondément senti par tous les bigots de la terre classique de l'Autodafé et de la Sainte-Inquisition (1). »

L'entreprise n'allait d'ailleurs pas sans difficultés. Dire que le gouvernement était nonchalant, c'est trop peu dire. Les ministères espagnols et la cour, aux mains des moines, tout dévoués à l'influence toute puissante des catholiques, s'opposaient de toutes leurs forces à ce mouvement menaçant. Ouvrir une école, une école véritable où l'enseignement n'est pas une dérision, où l'éducation n'a pas pour but l'abrutissement des jeunes intelligences, leur asservissement à un dogme et à une domination, c'est une menace directe et formidable, pour tous ceux qui ne gouvernent que grâce à l'ignorance. Apprendre aux jeunes Espagnols que d'autres hommes ne croient pas en l'Eglise catholique, que d'autres pays répudient le pouvoir des

____

(1) William Heaford, l'Ecole Moderne (l'*Ecole Rénovée*, Bruxelles, 15 juin 1908).

prêtres, développer en eux l'esprit critique et le désir de liberté, les conservateurs ne pouvaient l'admettre. Il n'est pas de mesures qu'ils ne prirent pour arrêter le mouvement rationaliste dans son essor.

Un journal libre-penseur, *Las Dominicales*, fut poursuivi. On essaya d'empêcher sa publication à coups d'amendes, de prisons, d'excommunications ; le parti catholique alla même jusqu'à faire assassiner un de ses rédacteurs, Garcia Vas ! Ce fut en vain. La libre-pensée se développait dans toutes les grandes villes. De nouvelles écoles se fondèrent, sans plan d'ensemble, avec plus d'enthousiasme peut-être que d'idées pratiques et positives. Le rôle de Ferrer fut d'essayer d'unifier ces efforts dispersés et précaires, de donner à cette activité une impulsion plus grande, des programmes plus nets et plus efficaces. En août 1901, il fonda à Barcelone l'*Ecole Moderne*.

« Elever l'enfant de manière qu'il se développe à l'abri des superstitions, disait-il, et publier les livres nécessaires pour produire ce résultat, tel est le but de l'Ecole Moderne. »

Ferrer poursuivait donc deux objets : donner aux enfants une instruction véritable, les affranchir de toutes les traditions du passé, préjugés de races et de classes, religion, militarisme, et, d'autre part, par ses livres, par les traductions des grandes œuvres scientifiques modernes, par des travaux de vulgarisation, développer l'esprit rationaliste et préparer à son œuvre de nouveaux développements. La maison d'édition qu'il fonda était donc le complément logique et nécessaire de son entreprise.

Quelles étaient ses idées générales sur l'éducation ?

« Notre enseignement, disait-il, n'accepte ni les dogmes ni les usages, car ce sont là des formes qui emprisonnent la vitalité mentale dans les limites imposées par les exigences des phases transitoires de l'évolution sociale. Nous ne répandons que des solutions qui ont été démontrées par des faits, des théories ratifiées par la raison, et les vérités confirmées par des preuves certaines. L'objet de notre enseignement est que le cerveau de l'individu doit être l'instrument de sa volonté. Nous voulons que les vérités de la

science brillent de leur propre éclat et illuminent chaque intelligence, de sorte que, mises en pratique, elles puissent donner le bonheur à l'humanité, sans exclusion pour personne par privilèges odieux. »

Peut-être comprenons-nous assez mal, en France, tout ce que ces nobles paroles présentaient de révolutionnaire pour l'Espagne. Nous en avons entendues souvent de semblables. Elles étaient neuves, au delà des Pyrénées. Elles étaient un acte de foi, plein de courage, sans doute, mais aussi plein de périls.

En Espagne, en effet, l'État ne s'est pas encore emparé de l'éducation. Il l'a laissée aux mains du clergé. La monarchie espagnole est demeurée en dehors du mouvement industriel et commercial qui s'est imposé aux autres peuples d'Europe. L'ère de la grande industrie ne l'a pas encore atteinte. Il semble que les Pyrénées aient dressé entre le monde moderne, avec ses nouveaux besoins et son activité, et la péninsule, comme une barrière infranchissable. comme une muraille de Chine qui les isole complètement. Sauf une région, la Catalogne, et une ou deux villes comme Bilbao, il n'y a pas d'industrie en Espagne, ni aucun commerce digne de ce nom. Alors que les autres pays civilisés sont tous entrés dans l'économie moderne, l'Espagne y est à peu près demeurée étrangère, fermée à tout progrès, repliée sur elle-même, s'acharnant encore à vivre dans le rêve du grand empire de Charles-Quint, ayant jusqu'ici cherché à tirer ses richesses, non de son sol, mais des colonies qu'elle pressurait naguère et qui ont échappé aujourd'hui à sa domination. L'ignorance, devenue impossible dans les nations industrielles, y est demeurée la condition nécessaire de la monarchie, et surtout de l'Église catholique.

Exilé en France, Ferrer avait compris la nécessité pour son pays d'une éducation de l'enfance débarrassée des superstitions théologiques, des entraves réactionnaires et des préjugés locaux. Républicain, il était convaincu qu'un peuple ignorant resterait toujours un peuple d'esclaves. Il avait vu les insurrections de 1868, la République de 1872, tous les sursauts de liberté d'un peuple brave mais sans instruction, demeurer sans lendemain. Il avait assisté aux échecs des *pronunciamentos* de généraux démocrates, dont le dernier avait été celui de Villacampa. Il comprenait qu'il fallait reprendre l'effort de libération à pied d'œuvre. De plus en plus, l'importance de l'éducation s'était manifestée à lui.

Sans doute, comme nous l'avons vu, de nombreuses tentatives avaient été faites, mais sans plan d'ensemble, et surtout sans méthodes d'éducation rationnelle et scientifique. Il essaya de relier entre eux tous ces essais, de leur donner une impulsion commune, de créer un système d'éducation libre approprié à son pays.

Des concours précieux vinrent à lui dès l'origine de l'entreprise. Odon de Buen, le grand naturaliste espagnol, membre du Sénat, le professeur Martinez Vargas, de la Faculté de médecine de Barcelone, Anselmo Lorenzo, vieux militant de la première Internationale, d'autres encore, se groupèrent autour de lui. En dehors de l'Espagne, de grands esprits comme Elisée Reclus et le savant docteur Letourneau l'approuvèrent et lui donnèrent leur appui moral.

Il se mit à l'œuvre et fonda, à Barcelone, l'Ecole Moderne, qui devait encore, dans sa pensée, servir de centre à tous les établissements semblables déjà créés, aider à en faire de nouveaux, devenir le foyer intellectuel d'une Espagne nouvelle.

Les débuts de l'Ecole Moderne furent modestes. Elle s'ouvrit, en août 1901, avec trente élèves, douze fillettes et dix-huit garçons. A la fin de la première année, le nombre total des écoliers était passé à soixante-dix. Mais surtout, comme son fondateur l'avait prévu, l'influence de l'Ecole s'étendait au dehors, et non seulement en Espagne, mais encore à l'étranger, où l'on suivait cet essai avec sympathie. Les publications de l'Ecole Moderne portaient au loin l'idée rationaliste. Ces livres, écrits par des hommes du rang scientifique le plus élevé, Odon de Buen, le professeur Llura, étaient d'un style simple, facilement compréhensible pour tous les lecteurs. Parmi les premiers qui sortirent des presses de l'Ecole, il faut citer : l'*Evolution superorganique* de Llura, les deux volumes d'*Histoire naturelle* d'Odon de Buen, les trois volumes d'*Histoire universelle* de Mme Jacquinet, et le *Résumé de l'Histoire d'Espagne*, de Estévanez.

Ces livres, qui portaient une couverture rouge, se répandirent si vite qu'ils devinrent bientôt un objet de terreur pour l'Eglise.

Il ne pouvait y avoir de plus grand danger pour la domination du clergé en Espagne. Apprendre aux enfants les résultats de la science contemporaine, leur enseigner que le christianisme n'est pas l'œuvre d'une révélation miraculeuse, qu'il a eu, comme toutes les autres religions, des origines troubles, une évolution qui l'a déformé, leur enseigner l'histoire, et surtout celle des pays étrangers, leur apprendre la vie des autres peuples, c'était les arracher à la servitude intolérante du dogme et des prêtres, c'était faire des cerveaux affranchis et préparer des hommes libres.

Accoutumés à jouir des bienfaits de la science et de son œuvre libératrice, nous sommes devenus ingrats envers elle, nous l'avons oubliée et quelque peu méprisée. Mais, en Espagne, pays d'obscurantisme, que sa lumière n'avait pas encore pénétré, les résultats furent, tout de suite, merveilleux. Un peuple s'éveillait à la vie et à la pensée modernes.

Ferrer cependant, poursuivait la tâche qu'il s'était assignée. Il n'avait pas touché juste du premier coup. Il y eut toute une période de remaniements et de tâtonnements : il dut préparer un nouveau mobilier scolaire, donner ses soins à la maison d'éditions. Il dut aussi, chose plus considérable, faire rédiger de nouveaux livres, des manuels d'enseignement — grammaire, histoire, géographie, arithmétique, morale, anthropologie, physique, sociologie, sciences naturelles, histoire des religions, — tout ce qui était nécessaire à son Ecole et qu'il dut créer de toutes pièces.

Il se montra à la fois esprit hardi et homme pratique. Les revenus du legs de Mlle Meunier ne suffisant pas, il entama le capital, avec le seul souci de faire œuvre utile.

« Dans le programme qu'il avait publié au début de son entreprise, il disait que la mission de l'Ecole Moderne est d'accueillir les enfants des deux sexes confiés à ses soins, et de les élever de façon à ce qu'ils deviennent des hommes et des femmes d'esprit libéral, aimant la vérité et la justice. Pour accomplir cette œuvre, l'école remplace les méthodes dogmatiques de la théologie par la méthode rationnelle indiquée par les sciences naturelles, dans le but d'éduquer, de développer et de cultiver les aptitudes particulières de chaque écolier, afin que, en faisant pleinement évoluer la capacité latente de chaque enfant, celui-ci puisse être capable de devenir non seulement un membre utile de la société, mais encore, par suite de son éducation spéciale, un moyen d'augmenter la valeur intellectuelle et morale de la masse.

« L'exécution fut digne du dessein, comme on verra par le plan d'éducation adopté. Dans la première section scolaire — composée de petits enfants — les éléments primaires des connaissances littéraires et scientifiques sont enseignés. Dans celle-ci, comme dans chacune des trois sections, les livres de classe adoptés et mis entre les mains des enfants sont ceux édités par l'Ecole elle-même. Le premier livre de lecture est à la fois un syllabaire, une grammaire, et un manuel illustré d'évolution (1). »

Ce livre, entre tous les autres, doit retenir notre attention, car c'est un véritable tour de force pédagogique. L'histoire imposante de l'évolution du Monde depuis l'atome inanimé jusqu'à l'être pensant, se trouve racontée là sous une forme si simple qu'elle est tout de suite comprise par l'enfant. Il n'est pas étonnant que la première édition ait été presque immédiatement épuisée et qu'une seconde se soit enlevée aussitôt.

En face de la religion, dans un pays essentiellement clérical, l'Ecole Moderne, ne s'embarrassant pas d'une impos-

(1) William Heaford, article cité.

sible et hypocrite neutralité, prit nettement parti. Considérant que la religion est un fait social, politique et économique avec lequel il faut compter, elle résolut de fournir, tant à l'enfant qu'à son professeur, le bagage intellectuel nécessaire pour résister aux assauts de la superstition.

En même temps, on encourage l'enfant à penser d'une façon originale et libre.

« Tous les détails de l'enseignement sont basés sur ce principe. Soit que l'enfant soit assis à son pupitre, soit qu'il se promène dans les bois avoisinants ou au bord de la mer, avec ses camarades et ses professeurs, qu'il visite avec eux une fabrique dans la ville, une institution technique ou un laboratoire scientifique, toujours on s'adresse avant-tout à son observation personnelle, dans le but d'éveiller chez lui un intérêt intelligent pour tous les objets variés qui l'entourent. Au lieu de lui fourrer dans la tête des connaissances, on essaie de les faire naître en sa propre conscience et découler naturellement de sa propre intelligence. C'est ainsi que l'instruction se transforme en collaboration entre élèves et professeurs. Par ces méthodes rationnelles et par divers autres moyens désignés dans ce but, on cultive l'esprit de l'enfant en lui rendant la conscience sainement impressionnable à tout appel noble fait à son âme sympathique et à son intelligence.

« Beaucoup d'exemples très touchants de cette impressionnabilité aux sentiments les plus élevés, se trouvent dans les extraits des relations originales des élèves publiés dans le *Bulletin* de l'école. Il m'est rarement arrivé de lire des choses plus charmantes ou plus naturelles que ces observations franches et souvent profondes, fruit spontané et sincère des pensées touchantes de ces garçons et de ces filles de dix à douze ans (1). »

Ce système rationnel d'enseignement fut si bien accueilli, que d'autres écoles libres l'adoptèrent et qu'au bout de cinq ans, il y avait en Espagne une cinquantaine d'écoles rationalistes, et que la bibliothèque de l'Ecole Moderne comprenait une trentaine de volumes se rapportant à toutes les branches de l'enseignement.

(1) William Heaford, article cité.

Cette œuvre qui promettait tant pour l'émancipation du peuple espagnol, ne manqua pas de soulever la colère du clergé et de la monarchie. Pendant longtemps, on avait cherché à entraver l'essor de l'Ecole Moderne, à décourager Ferrer.

Mais en vain. Ni les calomnies répandues contre lui, ni les menaces plus directes, n'avaient effrayé le noble apôtre de l'enseignement rationaliste.

Une fête qui eut lieu le 12 avril 1906, jour du vendredi saint, et à laquelle participèrent mille sept cents élèves des écoles libres, mit le comble à la fureur des jésuites. Enfin, ils crurent avoir leur heure.

Le 31 mai 1906, à Madrid, jour du mariage du roi Alphonse XIII et de la princesse Ena de Battenberg, comme le cortège nuptial retournait au Palais par la Calle Mayor, une bombe fit explosion.

Ni le roi, ni la nouvelle reine ne furent atteints, mais il y eut — chiffres officiels — quinze morts et plus de soixante-dix blessés.

On connut vite l'auteur de l'attentat. C'était un nommé Mateo Morral, fils d'un industriel de Sabadell, anarchiste. La bombe lancée, il s'était rendu chez un vieux journaliste républicain, Nakens, se confiant à lui, et lui demandant l'hospitalité. Nakens l'envoya chez un ami qui l'hébergea. Deux ou trois jours après, Morral, qui avait quitté Madrid, fut surpris dans la campagne par un garde champêtre : il le tua d'un coup de revolver, puis se suicida.

Aussitôt, une descente de police eut lieu à l'Ecole Moderne, qui occupait un modeste appartement Calle Baylen, à Barcelone ; l'école fut fermée et Ferrer arrêté en même temps que tous les professeurs.

Les cléricaux crurent tenir leur revanche.

Le prétexte de cette mesure injustifiable fut celui-ci : Morral, dont personne ne connaissait le dessein, avait été employé quelque temps auparavant à la librairie de l'Ecole Moderne. Cela suffisait pour qu'on déclarât que Ferrer était l'instigateur de l'attentat.

Bientôt, ses accusateurs durent renoncer à apporter des preuves de cette participation. Mais les jésuites ne sont jamais embarrassés. Ils voulaient la vie de Ferrer, et la fin de son œuvre, par tous les moyens. Ils s'acharnèrent à démontrer que le fondateur de l'Ecole Moderne était *moralement* complice de son ancien employé.

Toute la presse religieuse et conservatrice d'Espagne s'ingénia à calomnier Ferrer. De faux rapports furent transmis à l'étranger. Un journal clérical de Bilbao, *El corazon de Jesus* (le Cœur de Jésus), entre cent autres, publia les lignes suivantes :

« Morral est un disciple de l'Ecole Moderne, un des repaires d'athéisme dans Barcelone. Qu'est-ce que l'Ecole Moderne ? C'est un système d'éducation sans Dieu, d'enseignement et d'instruction basés sur des principes libre-penseurs, comprenant des écoles laïques, des revues indécentes, des livres dégoûtants, des réunions blasphématoires, des spectacles irréligieux et des discussions impies...

« Ces crimes (l'attentat de Morral) continueront à se produire tant que les Espagnols soutiendront la liberté de lire, d'enseigner et de penser, d'où viennent tous ces monstres antisociaux. »

Et ce n'est là qu'un échantillon de ce qui fut dit et répété mille fois avant le procès. (1)

Cependant, des amis de Ferrer prenaient la défense de

(1) Or, pendant que les gouvernants espagnols menaçaient de mort — une première fois — celui qui tentait de régénérer l'enseignement, sait-on quelle était la situation des écoles en Espagne ?

Il y avait alors 24.000 écoles gouvernementales défectueuses, taudis sans lumière et sans air, — repaires de mort, d'ignorance et de mauvaise éducation. Chaque année, 5.000 enfants mouraient des maladies contractées dans ces écoles, 25.000 persistaient à vivre avec une santé ébranlée. En outre, 480.000 enfants erraient dans les rues, sans instruction, abandonnés aux habitudes les plus dégradantes pour l'individu, les plus néfastes pour la société. Il n'y avait pas moins de 30.000 enfants aveugles, 37.000 sourds-muets, 67.000 victimes d'affections mentales, 45.000 désiquilibrés, abandonnés à eux-mêmes ; dix millions d'illettrés, proportion infiniment plus considérable que dans n'importe quel autre pays d'Europe, la Russie exceptée. Pour tout le pays, 24.000 instituteurs, si mal payés que leur traitement est souvent inférieur à celui des plus médiocres journaliers !

celui que menaçait le garrot. En France, en Angleterre, en Italie, dans d'autres pays encore, en dépit des informations mensongères et des diffamations répétées par toute la presse conservatrice, une campagne énergique eut lieu pour sauver l'apôtre de l'enseignement laïque. Des hommes de science, des hommes de cœur se levèrent pour protester contre un procès de tendances, contre une tentative pour faire revivre, au vingtième siècle, les mœurs inquisitoriales.

*
* *

Enfin, après treize mois d'emprisonnement, sans moyens de défense, avec la perspective d'une mort cruelle, le procès eut lieu. Les débats furent longs. Le *fiscal* (procureur) Becerra del Toro, un républicain rénégat, demandait avec acharnement la peine de mort. Mais l'innocence de Ferrer fut prouvée à l'évidence. Il dut bien se résigner à lâcher sa proie. Le 13 juin, Ferrer fut acquitté triomphalement, et le gouvernement dut lui rendre sa fortune confisquée.

II. La Maison d'édition. La Ligue. La Revue.

Ferrer était libre : ses biens, sur lesquels le gouvernement espagnol, toujours à court d'argent, avait mis la main, lui étaient rendus. Mais l'Ecole Moderne de Barcelone et ses filiales demeurèrent fermées.

Il ne se découragea pas, pas plus qu'il n'avait perdu confiance pendant son long emprisonnement.

Dans une lettre du 10 février 1907, adressée à l'écrivain libre-penseur Heaford, il disait : « Je ne me plains pas, car plus longtemps je resterai en prison, plus fortement se développera le mouvement en faveur de l'Ecole et je préfère qu'il en soit ainsi. »

Dans cette même lettre, il disait encore sa satisfaction de recevoir tous les jours des correspondances venant de fondateurs de nouvelles écoles qui s'établissaient partout, et pour lesquelles on lui demandait des professeurs et on lui commandait des livres modernes.

*
* *

L'Ecole Moderne était fermée. Il n'était plus possible momentanément, de continuer en Espagne et sous la même forme l'œuvre commencée. Tous ses soins se portèrent alors sur la maison d'édition.

D'autre part, l'attention universelle attirée sur lui pendant sa détention et son procès donnaient à son entreprise une valeur internationale.

Il quitta l'Espagne, retourna à Paris, entra en rapports avec des savants, des littérateurs, des sociologues, et voulut faire en Europe, dans un sens un peu différent, ce qu'il avait fait dans son pays. Par suite de l'expérience acquise au cours de ces dernières années, il avait été amené à dépasser le niveau des pédagogies même les plus libérales. Il voulait l'enseignement libre et rationnel, et il constatait que si les nations modernes ont dû se préoccuper de l'éducation, les gouvernants l'ont faite leur.

Un rapide examen montra au novateur de l'Ecole Moderne que cet enseignement officiel est défectueux au plus haut point. Il s'inspire, non des besoins de l'enfant, mais des intérêts de l'Etat. L'éducation des écoles gouvernementales, encyclopédique dans le plus mauvais sens, est abstraite et mal conformée aux intelligences qui s'ouvrent, elle fait appel à la mémoire et non à la compréhension, elle demeure impuissante à développer le raisonnement et se réduit à un psittacisme imbécile. Ce qu'il avait tenté en Espagne, il pouvait le refaire à l'étranger.

Telles sont alors ses préoccupations dominantes, comme en témoigne cette lettre à C. A. Laisant.

Le 3 Décembre 1907

Cher ami Laisant,

Je publierai à Bruxelles en janvier prochain, une revue « l'Ecole nouvelle » extension internationale de « l'Ecole Moderne de Barcelone ». Le but de cette revue est l'élaboration d'un plan d'éducation rationnelle d'après les données de la science actuelle.

Je voudrais fonder cette école dont j'ai trouvé l'expression plus ou moins complète dans des livres et des publications où elle reste à l'état de projet, mais j'ai pensé qu'il serait nécessaire de préparer cette œuvre par la discussion. La revue que je publierai est donc un moyen que je mets à la disposition de ceux qui se sont occupés de l'enfant, pour leur permettre de proposer et de discuter leurs idées, afin que soit formulée par cette collaboration une conception pratique de l'éducation moderne.

Je m'adresse donc à vous, cher ami, pour vous demander de m'aider dans mon entreprise.

Je me propose d'étendre et de compléter de toutes les manières possibles l'action de la revue. Je compte préparer à Barcelone, et dès que les circonstances le permettront, l'établissement d'une École normale où se formeront, par la discussion et l'étude des éléments proposés, les hommes qui se consacreront à l'éducation des enfants qui nous seront confiés lorsque s'organisera l'Ecole nouvelle. Je fonderai, également à Barcelone, un musée où seront réunis les matériaux qui devront servir à l'élaboration concrète de notre projet, et je publierai des ouvrages destinés soit aux professeurs, soit aux enfants, et conçus d'après les idées modernes. Enfin le premier numéro de la revue proposera la constitution d'une « Ligue internationale pour l'éducation de l'enfance » qui, comme vous le voyez, sera votre même projet.

J'ajouterai que « l'Ecole nouvelle » ne s'adressera pas à des lecteurs spéciaux et que nous nous efforcerons de parler au grand public afin de l'intéresser à une conception dont jusqu'ici il ne voit nulle part l'expression.

Vous savez maintenant, cher ami, pourquoi je m'adresse à vous et les grandes lignes de mon projet. Puis-je espérer votre collaboration à cette œuvre ?

Je vous prie de m'écrire ou de m'adresser votre premier article jusqu'au 14 Décembre au 21, boulevard Saint-Martin à Paris ; et après cette date, au 58, boulevard d'Anderlecht, à Bruxelles.

Merci d'avance, et toutes mes amitiés.

F. FERRER.

C'est peu de temps après que fut fondée la *Ligue internationale pour l'éducation rationnelle de l'enfance*.

Elle a pour but, disent ses statuts, de « faire pénétrer effectivement dans l'enseignement, *et cela dans tous les pays, les idées de science, de liberté et de solidarité* ». Elle se propose, en outre, « de rechercher et d'encourager les méthodes les mieux appropriées à la psychologie de l'enfant, permettant d'obtenir les meilleurs résultats au prix de la moindre fatigue. »

Sous la présidence d'honneur d'Anatole France, avec Ferrer comme président, C. A. Laisant comme vice-président, Charles Albert comme secrétaire-général, le Comité international d'initiative et de direction comprenait et comprend encore William Heaford (Grande-Bretagne) ; Ernest Hæckel (Allemagne) ; Guiseppe Serpi (Italie) ; Paul Gilles (Belgique) ; Roorda van Eysinga (Suisse).

Parmi les premiers adhérents, on relevait les noms de : MM. Lucien Descaves, Eug. Fournière, Sébastien Faure, Grandjouan, M. et Mme Maeterlinck, Malato, A. Naquet, Paul Robin, Sembat, Yvetot, etc., des universités populaires, des coopératives, des syndicats d'instituteurs.

Un des principaux moyens d'action de la Ligue fut la revue. Déjà, Ferrer avait publié, à Barcelone, le *Boletin de la Escuela Moderna*, dont il reprit la publication aussitôt après sa mise en liberté. D'autres périodiques furent édités en divers pays : à Rome, la *Scuola laïca* ; à Lanus (Pérou), la *Razon* ; à Bruxelles, l'*Ecole Rénovée*, dont le premier numéro date du 15 avril 1908.

Cette dernière publication est la plus importante. C'est elle que Ferrer surveillait de plus près. Dans le premier numéro, il publiait un article sur la rénovation de l'Ecole qu'il faudrait citer tout entier :

« Quelle est donc notre mission à nous ? Quel est donc le moyen que nous allons choisir pour contribuer à la rénovation de l'école ?

« Nous suivrons avec la plus grande attention les travaux des savants qui étudient l'enfant et nous nous empresserons de rechercher les moyens d'appliquer leurs expériences à l'éducation que nous voulons édifier, dans le sens d'une libération toujours plus complète de l'individu. Mais comment pouvons-nous atteindre notre but ? N'est-ce pas en nous mettant directement à l'œuvre, en favorisant la fondation d'écoles nouvelles où déjà régnera autant que possible cet esprit de liberté que nous pressentons devoir dominer l'œuvre entière de l'éducation de l'avenir ?

« Une démonstration a été faite qui, pour le moment, peut déjà donner d'excellents résultats. Nous pouvons détruire tout ce qui dans l'école actuelle répond à l'organisation de la contrainte, les milieux artificiels où les enfants sont éloignés de la nature et de la vie, la discipline intellectuelle et morale dont on se sert pour leur imposer des idées toutes faites, des croyances qui dépravent et annihilent les volontés. Sans crainte de nous tromper, nous pouvons rendre l'enfant au milieu qui le sollicite, le milieu de nature où il sera en contact avec tout ce qu'il aime, et où les impressions de vie remplaceront les fastidieuses leçons de mots. Si nous ne faisions que cela, nous aurions déjà préparé en grande partie la délivrance de l'enfant.

« Dans de tels milieux nous pourrions alors appliquer librement les données de la science et travailler avec fruit.

« Je sais bien que nous ne pourrions réaliser ainsi toutes nos espérances, que souvent nous serions forcés, par manque de savoir, d'employer les moyens à réprouver ; mais une certitude nous soutiendrait dans notre effort : c'est que, sans même atteindre tout à fait notre but, nous ferions plus et mieux dans notre œuvre imparfaite encore, que ce qu'accomplit l'école actuelle. J'aime mieux la spontanéité libre d'un enfant qui ne sait rien que l'instruction de mots et la déformation intellectuelle d'un enfant qui a subi l'éducation de maintenant.

« Ce que nous avons tenté à Barcelone, d'autres l'ont tenté ailleurs et, tous nous avons vu que l'œuvre était possible. Et je pense qu'il faut l'aborder sans délai. Nous ne voulons pas attendre que l'étude de l'enfant soit achevée pour entreprendre la rénovation de l'école ; s'il faut attendre cela, on ne fera jamais rien. Nous appliquerons ce que nous savons et, à mesure, tout ce que nous apprendrons. Déjà un plan d'ensemble d'éducation rationnelle est possible et, dans des écoles telles que nous les concevons, des enfants peuvent se développer,

heureux et libres, selon leurs aspirations. Nous travaillerons à le perfectionner et à l'étendre.

« C'est dans ce but que cette revue a été fondée, que la
Ligue internationale pour l'éducation rationnelle de l'enfant a été créée. Nous appellerons à l'aide tous ceux qui
veulent avec nous la délivrance de l'enfant, qui aspirent
à contribuer par lui à la venue d'une humanité plus belle
et plus forte. Dans cette revue, on s'efforcera de définir par
la discussion un plan d'éducation rationnelle tel qu'il est
possible de l'exécuter de nos jours.

« De plus, aussitôt que les circonstances le permettront,
nous reprendrons l'œuvre commencée à Barcelone, nous
réédifierons les écoles détruites par nos adversaires. En
attendant, nous travaillerons à fonder à Barcelone une
école normale où se formeront des instituteurs destinés à
nous seconder plus tard et nous créerons une bibliothèque
de l'Ecole Moderne où se publieront les livres qui nous
serviront dans notre enseignement, tant pour l'éducation
des éducateurs que pour celle des enfants. Nous fonderons
également un musée pédagogique où seront réunis les
matériaux nécessaires à l'école rénovée.

« Tels sont nos projets. Nous n'ignorons pas que la réalisation en sera difficile. Mais nous voulons la commencer,
persuadés que nous serons aidés dans notre tâche par
ceux qui luttent partout pour la libération humaine des
dogmes et des conventions qui assurent le maintien de
l'inique organisation sociale actuelle. »

L'Ecole rénovée eut huit numéros mensuels à Bruxelles ;
ensuite, sa publication eut lieu à Paris, où elle devint
hebdomadaire. Le premier numéro est du 23 janvier 1909.

En France, elle modifia un peu son caractère. La première série était demeurée, par sa rédaction, par ses tendances générales, un peu philosophique et théorique.
Désormais, elle s'inspira davantage de préoccupations
pratiques. Elle ne fut pas seulement l'organe de l'enseignement rationaliste, elle fit encore une large place au
mouvement syndicaliste.

Ferrer ne pouvait qu'être sympathique au mouvement
qui unit les fonctionnaires de l'enseignement pour défendre leurs intérêts matériels et moraux, et pour perfection-

Premià nous avons été très occupés, envoyé demandant des nouvelles et nous à eux, comme l'on
fait dans des telles circonstances en tout lieu.
Eh bien de cette visite l'on veut en faire une
grande affaire parceque ce Puy de Masnou a
déclaré aux autorités que je lui avais proposé
de seconder le mouvement de Barcelone et de brûler
le couvent et l'église de Masnou, ce qui n'est pas vrai
du tout. Puis vient le maire républicain de Premià,
un nommé Casas, qui, à l'appui ce qu'il paraît
se trouvait parmi les personnes qui nous
entouraient, et qui déclare aussi que je lui ai
proposé de proclamer la République à Premià
et de brûler le couvent et l'église, ce qui est également
faux. Le juge m'a confronté avec ces deux
canailles d'individus qui ont affirmé leurs
dires malgré mes protestations, leur rappelant
que nous n'avions changé que les mots d'usage
ces jours là : qu'y a-t-il ? que savez-vous
d'ici, de là ? qu'est ce que l'on dit ?

Je continuerai demain, si je puis. Maintenant
je suis trop fatigué. Il n'est reste à dire que mon
mois de secret a été très dur. Dans un lieu et j'ai souffert
sans air ni lumière, avec une nourriture forcée...
Il faut être fort pour l'avoir résisté...
Bien des choses à tous, tous, une...

ner les méthodes d'éducation. Il comprit que s'il était toujours nécessaire de fonder, à côté des écoles gouvernementales, des établissements libres d'instruction, dégagés de toutes entraves, capables de servir de modèles, il était utile encore que les maîtres de l'Etat, eux-mêmes, fassent pénétrer les nouvelles méthodes dans l'éducation officielle.

L'*Ecole Rénovée* fut le résultat de ces deux préoccupations.

Voici les passages essentiels du programme que contenait le premier numéro de cette seconde série :

« Nous partons de ce principe que tout travailleur doit poursuivre son perfectionnement technique.

Le devoir de tout éducateur conscient de son rôle social sera donc la recherche et l'emploi des meilleures méthodes d'enseignement.

Or, il y a deux manières d'enseigner : l'une qui abêtit l'enfant et peut le dégoûter à jamais de toute curiosité intellectuelle ; l'autre qui, tout en fortifiant ses facultés, met en lui le goût du savoir, l'amour de la nature et l'enthousiasme de la vie.

Nous rechercherons et nous étudierons toutes les idées, toutes les théories, toutes les observations, toutes les expériences qui peuvent faire progresser cette seconde manière d'enseigner, la seule bonne.

Cette réformation de l'école et de ses méthodes, nous ne les considérerons pas seulement dans le vague et l'abstraction des principes, mais nous essayerons de la poursuivre jusque dans les plus petits détails des applications. L'*Ecole rénovée* s'efforcera ainsi d'apporter à chacun une aide véritable pour la besogne quotidienne.

Quelle que soit la question traitée, nous tâcherons de ne pas oublier le point de vue pratique.

C'est ainsi, notamment, que nous accorderons la plus grande place aux distinctions qui devraient être faites entre l'enseignement dans les villes et l'enseignement dans les campagnes.

Mais tout cela ne serait pas grand chose, hâtons-nous de le dire, si nous ne recherchions pas aussi, si nous ne recherchions pas *surtout* les conditions matérielles et morales où doit se trouver l'éducateur pour pouvoir dispenser un bon enseignement.

Car il ne suffit pas de dire à l'instituteur : « Tu dois faire ceci ». Il faut encore lui demander : « Peux-tu le faire ? »

A tout homme averti des choses de l'école il apparait très net que l'éducateur public ne pourra presque rien tant qu'il ne se sera pas libéré de la triple contrainte administrative, politique et morale.

Par là nous rejoignons les camarades qui, groupés dans leurs syndicats, luttent pour leur émancipation.

Le bulletin de la *Fédération des Syndicats d'instituteurs* arbore cette devise : Sois un homme puisque tu dois faire des hommes. Ce sera aussi la nôtre. En même temps qu'un journal de perfectionnement technique, l'*Ecole rénovée* sera un organe de lutte corporative.

Les deux choses pour nous, d'ailleurs, ne se séparent pas. Notre idéal serait de grouper dès à présent ceux qui seraient à la fois les éducateurs les plus consciencieux et les fonctionnaires les moins dociles. Notre idéal serait de former les hommes qui, d'accord avec les producteurs enfin devenus maitres de la production, devront organiser un jour de belles, bonnes et libres écoles !

Ajoutons que l'*Ecole Rénovée* ne se préoccupera pas seulement de l'enseignement national, mais se tiendra soigneusement au courant de tout ce qui se fait et se fera dans les autres pays pour l'amélioration de l'école. Elle serait heureuse de participer à un véritable mouvement international.

Disons enfin que nous ne nous adresserons pas aux seules gens du métier, mais aussi au public pour que celui-ci s'occupe enfin de questions dont il s'est trop désintéressé jusqu'ici. L'*Ecole rénovée* voudrait être pour le plus grand nombre une initiatrice nécessaire aux choses de l'école. Elle voudrait être un lien entre l'école et la famille, entre l'école et le milieu social. »

Cependant Ferrer n'oubliait pas l'Espagne. Son École Moderne était fermée, mais la répression n'avait pu atteindre sa maison d'édition. Ce fut à celle-ci qu'il s'attacha, publiant toujours de nouveaux livres ; aux manuels d'enseignement il ajoutait des œuvres de science et de pensée libre, publications plus considérables. Aucune idée ne lui était étrangère, ne lui paraissait trop hardie.

FERRER AVANT L'INSURRECTION

Au mois de mars 1909, Ferrer, qui était allé passer deux mois à Barcelone, pour surveiller sa maison d'édition, revient à Paris où l'appellent les affaires de la Ligue. Il désire également préparer la publication en langue espagnole d'ouvrages scientifiques importants : *L'Homme et la Terre*, d'Elisée Reclus, la *Sociologie*, la *Psychologie ethnique* de Letourneau, la *Science économique* d'Yves Guyot, la *Botanique*, de Lanessan, la *Religion* d'André Lefèvre, l'*Evolution des Mondes* de Nergal, l'*Histoire* de la Terre, de Sauerwein, l'*Origine de la Vie*, de Pargame, et surveiller également la revue qu'il avait fondée.

Fin avril, il passe à Londres, où il s'occupe également de traductions d'ouvrages scientifiques. Il y est encore le 9 juin, date à laquelle il écrit à Charles Albert, la lettre suivante :

10, Montagne Street,

London, W. C.

9-6 1909.

Mon cher ami,

Je vous retourne la lettre de notre ami Herminio Calabaze de Montevideo. Il demande quelques bulletins n° 1 (janvier) de la Ligue pour faire de la propagande. Il demande aussi une liste des adhérents avec les dates où il les a envoyés l'année dernière pour pouvoir en faire le recouvrement cette année, et des bulletins d'adhésion. Ci-inclus aussi une postale de l'Annuaire de la presse belge que l'on avait adressée à mon nom.

Je ne sais pas encore quand pourrai-je rentrer à Paris. Si vous n'avez pas d'autres nouvelles quelques jours avant la fin du mois, vous pourrez m'écrire ce qu'il faudra pour payer la note de l'*Emancipatrice*.

Puisque nous ne pouvons pas causer ensemble de la situation de la revue, il y aurait intérêt, peut-être à ce que vous m'écriviez ce que vous en pensez. Voilà deux fois que j'écris à Dubois sur la nécessité de parler de la Ligue et je n'ai pas eu de réponse. Je ne sais pas encore si on a reçu l'argent que j'ai envoyé il y a plus de trois semaines. J'attendais aussi qu'à la fin de mai l'on m'aurait fait connaître l'état de la caisse et le mouvement de la liste des abonnés, mais je n'ai rien su.

Quant à parler de la Ligue dans l'*Ecole Rénovée*, il le faut absolument. Je persiste à dire que l'une et l'autre ont le même but. Autrement je ne les aurais pas fondées. Une chose est que les deux organismes aient une indépendance bien marquée et autre chose est que la Revue ait l'air d'ignorer la Ligue. Cela ne doit pas être ; cela ne doit pas arriver. Dubois avait demandé au commencement de ne pas en parler dans les premiers numéros... Mais il n'y a plus de raison pour rester muets. Je viens donc vous demander de faire vous-même l'article sur la Ligue qui devra paraître dans notre revue. Peut-être cet article pourrait parler de la future assemblée de la Ligue que je considère très nécessaire maintenant car nous aurons à proposer beaucoup de modifications, je crois, aux statuts. Comme il y a beaucoup d'enthousiasme en Espagne, en Italie et en Portugal, au sujet de l'éducation rationnelle, il se pourra que nous ayons des délégués de ces trois pays à l'Assemblée projetée. L'article à publier dans l'*Ecole Rénovée* pourrait être tout un programme d'action, d'action à proposer pour les autres, tandis que nous-mêmes nous donnerions l'exemple de ce que nous pourrions faire.

Veuillez me dire, je vous prie, ce que vous pensez de tout ceci.

Bien cordialement,

F. FERRER.

A cette date du 9 juin, Ferrer regrette vivement de ne pouvoir s'entretenir avec Charles Albert de leurs œuvres d'éducation. Et il affirme nettement ne pas savoir quand il pourra rentrer à Paris. On remarquera aussi le projet qu'il caresse de faire dans le courant de l'été une Assemblée générale de la Ligue internationale, destinée à modifier les statuts. Il résulte bien de cette lettre écrite à un ami que Ferrer ne compte pas retourner en Espagne avant plusieurs mois.

Quarante-huit heures après, tous ses plans sont changés.

Il vient brusquement d'apprendre qu'à sa propriété de Mongat, sa nièce, sa belle-sœur et la mère de cette dernière sont atteintes de la fièvre typhoïde. Il écrit à Charles Albert ce qui suit :

> 10, Montagne Street,
>
> London, W. C.
>
> Vendredi, 11-6 1909.
>
> Mon cher ami,
>
> A cause de maladies graves survenues chez nous, il faut que nous rentrions tout de suite en Espagne. Je ne voudrais pas traverser Paris sans vous voir. Nous arriverons demain soir à Paris, et coucherons à l'hôtel de la Terrasse, passage Jouffroy, boulevard Montmartre. Si à neuf heures vous êtes libre, nous serons à la terrasse du café de Madrid, boulevard Montmartre. Nous repartirons dimanche ou lundi au plus tard.
>
> Cordialement vôtre,
>
> F. FERRER.

Le 12 juin, il arrive à Paris, se rencontre avec quelques collaborateurs et en repart le 14 au matin pour Mongat.

La Ligue le préoccupe continuellement, même au milieu du grave souci que lui cause la santé des siens. Il veut absolument que les statuts soient modifiés et, à peine installé, il écrit à Laisant la lettre suivante :

> Mas Germinal,
>
> Mongat (Barcelone) Espagne,
>
> le 17-6 1909.
>
> Mon cher ami,
>
> Nous voilà installés ici, trouvant notre belle-sœur hors de danger, mais non ainsi notre nièce qui continue dans un état très grave.

Avant de partir de Paris, je vis Charles Albert et lui ai dit qu'il pouvait vous écrire au sujet d'un rendez-vous pour parler de la Ligue. Il faudra, comme nous avons dit, avoir une petite assemblée dans laquelle nous pourrions décider un plan méthodique d'action. Cela ne pourra pas être, naturellement, avant le mois d'octobre.

Bien cordialement vôtre,

F. FERRER.

Sa nièce meurt quelques jours après.

Le 30 juin suivant, il écrit à nouveau à Charles Albert, pour lui faire part de l'intérêt qu'il y aurait à ouvrir dans la Revue une discussion destinée à élaborer un plan d'éducation moderne, car, et ces lettres le prouvent surabondamment, la Revue, la Ligue et la maison d'édition sont devenues les pivots de son existence.

Voici cette lettre :

Mas Germinal,

Mongat (Barcelona),

30-6 1909.

Mon cher ami,

Je vous remercie bien des nouvelles que vous me donnez dans votre lettre, reçue aujourd'hui. J'ai écrit à la poste de Paris au sujet de la lettre recommandée de l'île de Cuba, mais je n'ai pas encore eu de réponse.

Vous ne m'avez pas parlé de la réunion qui a eu lieu, il y a quelque temps, pour traiter de la création d'une école syndicaliste. Peut-être vous n'y avez pas assisté. Il paraît que la discussion fut intéressante à cause de deux courants d'idées qui s'y firent jour : un défendu par Clément et l'autre par Grandjouan. D'après ce que l'on m'a dit, il fut convenu que Clément et Grandjouan écriraient chacun de son côté ce qu'ils avaient dit et que l'*Ecole Rénovée* publierait ces deux écrits. J'aimerais bien que vous demandiez à ces deux bons camarades de vouloir bien nous remettre leur travail avant la fin du mois afin de pouvoir les publier dans le dernier numéro, avant les vacances de notre revue.

Vous n'ignorez pas que, si j'ai fondé l'*Ecole Rénovée*, c'était surtout en vue d'élaborer un plan d'éducation moderne. Je pense que les articles de Clément et Grandjouan pourraient ouvrir une discussion et hâter l'élaboration de ce plan. Je me permets de vous rappeler aussi qu'en attendant ce plan d'éducation rationnelle, il serait d'une très grande importance d'avoir un petit ou grand bouquin, livre du maitre, dans lequel on dirait à l'instituteur tout ce que l'on peut faire aujourd'hui dans les écoles en faveur de l'enfant malgré tous les règlements et lois. Que faut-il faire, mon ami, pour obtenir ce bouquin ? A qui s'adresser pour l'avoir ? Ne pourrions-nous pas faire un appel dans l'*Ecole Rénovée ?* A un moment, vous m'aviez presque promis de faire ce livre. Dubois m'avait dit aussi qu'il s'entendrait avec Tortillet pour l'écrire. Voulez-vous en parler à Dubois et voir ensemble ce que nous pourrions entreprendre pour la réalisation de ce travail. On pourrait offrir une somme de trois à cinq cents francs pour lui s'il plaisait.

> Bien et bien cordialement,
>
> F. FERRER.

Entendu pour un bon rapport au sujet de la Ligue, en octobre.

Charles Albert, au reçu de cette lettre, répond à Ferrer qu'il se charge de faire le *Livre du maitre* dont il lui est parlé et lui propose de prendre une chambre de son appartement pour en faire le bureau de la Revue.

Il y est répondu le 13 juillet :

> Mas Germinal,
>
> Mongat (Barcelone),
>
> 13-7 1909.

Mon cher ami,

C'est entendu pour la chambre de votre appartement. Ce sera le bureau provisoire de la revue. Les vingt-cinq francs par mois pourront être portés comme frais de logement de l'*Ecole Rénovée.* Il n'y a plus aucun meuble au boulevard Saint-Martin. Pas de chaises donc !

Entendu aussi pour le petit manuel de pédagogie. Allons, du courage !

Par ce même courrier, je retourne à la poste la communication envoyée avec la réponse demandée.

Je vous prie de dire à Lambert de vouloir bien corriger l'adresse de la bande ci-jointe.

Amitiés,

F. FERRER.

Il est utile d'observer ici la date de cette lettre. Nous sommes au 13 juillet. L'agitation a déjà commencé à Barcelone. Et Ferrer, manifestant plus que jamais sa foi absolue dans l'œuvre d'éducation rationnelle qu'il a entreprise, à l'exclusion de toute autre, s'écrie, au sujet de cette œuvre : « Allons, du courage ! »

C'est à ce moment qu'a lieu l'explosion populaire à Barcelone.

LES ÉMEUTES DE BARCELONE (1)

I. L'Insurrection

Le gouvernement de M. Maura, président du conseil conservateur, avait entrepris une campagne au Maroc contre les tribus du Rif qui s'étaient opposées par la force à une invasion espagnole de leur territoire. L'invasion avait pour but de faire respecter la propriété de quelques mines dont les principaux actionnaires étaient M. le comte de Romanonès, aujourd'hui ministre, une des personnalités les plus en vue du parti libéral espagnol, et le marquis de Comillas, demi-milliardaire, protecteur des Jésuites.

Une campagne contre la guerre commença alors. Les syndicats ouvriers et la presse avancée se prononcèrent ouvertement contre l'expédition du Maroc. Les syndicats ouvriers étaient d'autant plus mécontents que la loi de remplacement existant en Espagne, seuls les déshérités partaient à la guerre défendre une politique qu'ils désapprouvaient complètement. La mesure la plus grave que prit le gouvernement fut l'envoi des réservistes (mariés pour la plupart) sur le champ d'opérations.

Et pourtant le général Linarès, ministre de la guerre, avait affirmé, au début de la campagne, qu'il s'agissait d'une simple opération de police pour laquelle une armée de 6.000 hommes serait largement suffisante.

L'indignation populaire déborda de tous côtés. Le roi fut sifflé dans la visite qu'il fit à une caserne de Madrid.

---

(1) Tous les renseignements concernant les émeutes de Barcelone sont empruntés aux articles si intéressants et si documentés de M. Magin Vidal y Ribas, publiés dans l'*Humanité*, aux dates des 12, 13, 14, 15, 16, 17, 18 et 20 août 1909.

Le régiment d'Arapilès se mutina avant de quitter Madrid. Dans la gare d'Antocha, à Madrid, la foule envahit le perron et aux cris de : « A bas la guerre ! » détruisit quatre wagons du train qui devait conduire les soldats. A Barcelone, la foule accompagnait les soldats sur le port, aux cris de : « A bas la guerre ! »

C'est à ce moment que fut constitué le Comité de grève. Il se mit en rapport avec les villes les plus importantes de la Catalogne et écrivit à Madrid, Valence, Saragosse, Bilbao et autres villes d'Espagne, pour annoncer que le 26 juillet était la date fixée pour la déclaration de grève générale.

La *Solidaridad obrera* n'était pas officiellement représentée au Comité de grève ; celui-ci se composait seulement des représentants de plusieurs syndicats, du Parti socialiste et de groupes anarchistes. Quant au parti républicain radical, dirigé par M. Lerroux, il répondit qu'*officiellement il ne pouvait pas marcher.*

Le 26 juillet, dès quatre heures du matin, les commissions ouvrières parcoururent les faubourgs ouvriers de Barcelone et toutes les villes de la banlieue, et se mirent en rapport avec ceux de leurs camarades qui ignoraient la décision concernant la grève générale.

A neuf heures du matin, la situation restait indécise. Les tramways et omnibus circulaient encore. Mais bientôt les ouvriers de la banlieue arrivèrent en masse au centre de la ville et, femmes en tête, contraignirent les tramways, omnibus et voitures à s'arrêter. A midi, la ville était paralysée. Les autorités décidèrent alors que le gouverneur militaire de la Catalogne serait chargé de tout ce qui avait trait à l'ordre public.

Dans l'après-midi, au cours d'une bagarre entre la *guardia civil* et les ouvriers du port, une compagnie du génie refusait de tirer contre le peuple qui criait : « Ne tirez pas, camarades, c'est pour vous que nous nous battons. » Deux régiments de dragons n'avaient pas bougé quand leur chef, le général Brandeis, leur avait ordonné le feu contre la foule.

Dans la soirée, on apprenait de Badalona, de Tarrasa,

de Sabadell que les rails, les fils télégraphiques étaient coupés ; on avait fait sauter les ponts. A Sabadell, Mataro Granollers et Palafragell, le peuple avait nommé un Comité qui s'était emparé de l'Hôtel de Ville. A sept heures du soir, la grève était générale dans toute la Catalogne.

Le 27 juillet, on dressa partout des barricades pour tenir tête à la *guardia civil*. On prit dans les boutiques d'armuriers les armes et munitions qui s'y trouvaient.

Tout à coup, on annonça que le grand et splendide bâtiment des Pères Esculapes était en flammes. On sonna l'alarme et les pompiers coururent éteindre le feu. Mais la foule empêcha les pompiers de se mettre à la besogne.

Quelques instants après, un autre couvent brûlait, puis un troisième, puis un quatrième, un cinquième, un sixième, jusqu'à ne plus pouvoir les compter (1).

Pendant la nuit suivante, 49 églises ou couvents incendiés éclairaient la ville d'une façon sinistre. A partir de ce moment, Barcelone fut complètement isolé du reste de l'Espagne. Tout était coupé, télégraphe, téléphone, chemins de fer.

Le 28, il y eut encore quelques collisions entre la *guardia civil* et le peuple, quelques couvents et églises incendiés. Les soldats fraternisaient avec le peuple.

A dater du 29 juillet, les régiments arrivant de tous côtés. l'insurrection était virtuellement étouffée. C'est alors que l'artillerie entra en action et détruisit les barricades et les maisons dont l'emplacement gênait le tir de la forteresse. Le 30, le canon tonnait encore dans la ville, et le 31, quelques maisons de commerce ouvraient leurs établissements.

Il faut observer que les insurgés ont toujours respecté les personnes dans l'incendie des couvents, faisant sortir les moines et nonnes qui s'y trouvaient. Les seuls religieux morts pendant toute l'insurrection sont un prêtre et une vieille religieuse, qui refusant d'abandonner la place furent asphyxiés.

(1) L'autorité militaire ne paraît pas s'être opposée aux incendies des couvents et des églises. La *guardia civil* n'arrivait généralement sur les lieux du sinistre que lorsque tout était terminé.

II. La répression

A dater du 1er août, les arrestations se multiplient dans toute la Catalogne. A Barcelone, 204 personnes sont arrêtées ; à Sabadel, 56 subissent le même sort. D'autres arrestations ont lieu également dans les villages qui ont proclamé la République. Elles continuent le 2 août, où 182 personnes sont arrêtées à Barcelone ; et ne cessent pas jusqu'au début d'octobre, pour atteindre le chiffre de 1.200 environ.

On commence à assister aux lâchetés qui suivent toutes les tentatives ayant échoué, aux dénonciations anonymes et aux faux témoignages. Les moines dont les titres ou valeurs ont été brûlés dans les incendies, vont pouvoir se venger.

Le 27 juillet, l'état de siège était proclamé en Catalogne, et le lendemain, cette mesure se généralisait à toute l'Espagne.

A ce moment, on le voit, il fallait un coupable sur qui on puisse jeter la responsabilité de l'incendie des couvents. N'était-ce pas là, et au premier chef, une œuvre anticléricale ? N'était-ce pas là le résultat le plus évident et le plus palpable de l'éducation sans Dieu donnée par l'Ecole Moderne de Barcelone et les autres écoles laïques de Catalogne qui avaient suivi son impulsion ? Il fallait donc que la plus illustre tête de la Libre-pensée en Espagne tombât pour expier les incendies.

Déjà les journaux conservateurs désignent Ferrer comme ayant par son œuvre fomenté les troubles de Barcelone. Et dès le début du mois d'août, l'autorité militaire se présente à la maison d'édition de Ferrer, Calle de las Cortes 596, où se trouve également le siège de la *Ligue internationale pour l'éducation rationnelle de l'enfance*, saisit tout ce qui concerne la Ligue et procède à l'arrestation de Cristobal Litran, qui en est le secrétaire pour l'Espagne. Après un interrogatoire qui dure trois heures, Litran est laissé en liberté provisoire.

Ferrer, ayant, quelques jours auparavant, appris que l'on disait à Alella qu'il avait été vu à Premia à la tête d'une bande d'incendiaires, alors qu'il était bien tranquillement à sa propriété du Mas Germinal, à Mongat, s'était mis à l'abri.

Tous les documents concernant la Ligue ont été saisis. Tout le fonds de librairie de la maison d'édition, qui contient 110.000 volumes, vient d'être enlevé par la police.

Une première perquisition est faite en l'absence de Ferrer, au Mas Germinal à Mongat, le 11 août. Elle a lieu en présence de la famille Ferrer. Après avoir, douze heures durant, retourné tous les papiers qui s'y trouvent, la police et la gendarmerie se retirent, la perquisition ayant complètement échoué.

De sa retraite, Ferrer écrit à ses amis. Il informe l'un d'eux, Charles Malato, des événements imprévus auxquels il a assisté à Barcelone le 26 juillet, et lui fait connaître que, retiré à Mongat, il a totalement ignoré ce qui se préparait et y est resté totalement étranger (1). A Charles Albert, il dit qu'une haine terrible se manifeste par toute la presse gouvernementale contre son œuvre, accusée d'être l'instigatrice des événements de juillet. Cette lettre sans date paraît avoir été expédiée le 12 août.

A Charles Albert.

Mon cher ami,

Je puis enfin vous envoyer des nouvelles. Elles sont pessimistes. Le gouvernement espagnol va profiter de l'occasion pour s'en donner à cœur joie. La rébellion de Barcelone, qui ne fut qu'une explosion de haine contre la guerre du Maroc et contre la puissance cléricale qui domine tout en Espagne, va lui servir de prétexte pour tout ce qui respire liberté et progrès.

J'ai été obligé de me mettre hors de la portée des autorités, car j'ai connu tout de suite que l'on voudrait me faire payer les pots cassés. En effet le premier acte que l'autorité militaire fit aussitôt le calme arrivé, fut de se présenter à mon bureau, Cortés 596, où est la maison d'édition et publications de l'Ecole Moderne, siège aussi du groupe barce-

(1) Cette lettre a été adressée au capitaine Francisco Galceran, défenseur de Ferrer. Elle doit se trouver présentement dans le dossier du défenseur.

lonais de la Ligue, et n'étant pas présent, moi, la police
et garde civile emmenèrent Cristobal Litran, le secrétaire
du groupe, ainsi que tout ce qui concerne la Ligue. Après
trois heures d'interrogatoire on le laissa en liberté provisoire. Le juge militaire croit que c'est avec l'argent du
groupe que l'on a fait la révolution à Barcelone. Deux ou
trois douzaines d'adhérents à 1 fr. 20 !!! et payé une seule
fois !!!

Ils sont fous, mais très dangereux pour moi et surtout
pour ceux qui sont en prison.

Le plan des réactionnaires maintenant est tout tracé.
Comme je disais avant, il s'agit d'anéantir maintenant tout
groupement, toute société, tout individu qui soit connu
comme

ENNEMI DE L'ÉGLISE !

Figurez-vous donc jusqu'où peuvent aller ces scélérats...

Toute la presse conservatrice de Madrid et provinces
dit déjà que la faute de ce qui arrive est à l'Ecole Moderne
et à ce maudit de Ferrer qui, avec les écoles et publications
d'ouvrages sans Dieu et contre Dieu ont déchaîné la furie
dans les rues...

Tout ce que vous pourrez faire dans la presse, en France,
pour prévenir le public et dénoncer les criminels projets
gouvernementaux espagnols sera bon pour l'arrêter peut-
être dans ses projets et sauver ainsi la vie d'abord de ceux
que l'on voudrait fusiller tout de suite. Après, on verra ce
qu'il y aura lieu de faire. Prière de vous mettre en communication avec... *(ici le nom et l'adresse d'un intermédiaire
complaisant).*

Bien vôtre,

F. F.

Quelques jours après, le 20 août, des agents de police
et des gendarmes se présentent au Mas Germinal et don-
nent l'ordre à Soledad Villafranca, à José Ferrer et à sa
femme de se rendre immédiatement à Barcelone pour fournir au gouvernement civil certains renseignements relatifs
aux troubles de juillet. Interrogés sommairement, ils sont
relégués à Alcaniz, en compagnie de M. Anselmo Lorenzo,
traducteur à la maison d'édition et de ses deux filles,

M. José Villafranca, frère de Soledad, M. Cristobal Litran, directeur de la maison d'édition et M. Balloni, administrateur de l'Ecole Moderne. A Alcaniz, ils sont honteusement reçus par la population qu'on a pris soin d'ameuter contre eux. Le gouverneur donna alors l'ordre de les envoyer à Teruel, où ils sont encore.

Le Mas Germinal, à Mongat est désormais désert. L'autorité militaire en profite pour y faire une nouvelle perquisition. Le 27 août, six agents de police s'y rendent et y demeurent trois jours et deux nuits. Deux officiers et des soldats du génie sondent les murs de la maison, démolissent ce qui leur paraît nécessaire, prennent des plans de la propriété, se conduisent en un mot en maîtres absolus.

D'ailleurs, la lettre suivante de Ferrer lui-même, adressée le 7 octobre au directeur du journal *El Pais*, en dira plus que tout sur les agissements affolés des agents du gouvernement.

Carcel Celular, Barcelone, 7-10-1909.

Monsieur le directeur d'*El Pais*,

Mon cher monsieur, hier seulement, depuis six jours que ma mise au secret a été levée, il m'a été permis de lire les journaux que je réclamais depuis la première heure, et, à la lecture des énormités que l'on a imprimées à mon sujet, je me hâte de vous adresser la présente rectification en vous suppliant de me faire le grand honneur de la publier dans votre digne journal.

Je commencerai en disant qu'il est faux que j'aie pris une part quelconque, soit comme directeur, soit autrement, aux événements de la dernière semaine de juillet (il n'y a dans les actes de mon procès aucune charge contre moi).

Le juge instructeur n'a pas cependant perdu son temps pour rechercher des preuves de ma culpabilité. En premier lieu, il fit interroger les trois mille prisonniers qu'il y a eu — paraît-il — dans toute la Catalogne, en leur demandant s'ils me connaissaient ou s'ils avaient reçu de l'argent ou des ordres de ma part ; aucun ne put répondre affirmativement.

Bientôt, on se livra à une minutieuse investigation dans les localités de Mongat et Prémia où — racontait-on —

j'avais tout bouleversé. On demanda aux autorités, ainsi qu'à diverses personnes qui pouvaient se trouver en situation d'aider la justice, quelle part j'avais prise dans ces événements. On parle beaucoup, dans les enquêtes faites, d'une bande armée, de coups de fusil, de dynamite, d'explosion, d'une voiture qui faisait la navette entre Mongat et Prémia et de quelques cyclistes qui, sans discontinuer, portaient les ordres de Ferrer aux insurgés. Tout le monde affirme cela, mais personne n'a pu déclarer au juge avoir vu la bande armée, la voiture, les cyclistes, ou entendu les coups de fusil et les explosions. *Tous répétaient l'avoir entendu dire.*

Ne trouvant plus ensuite de preuve contre moi, la justice ordonna de pratiquer une perquisition dans ma maison de Mongat, bien qu'elle en ait fait déjà deux antérieurement. Une le 11 août par une vingtaine de policiers et la guardia civil et qui dura douze heures, une autre le 27, seize jours après, par six policiers ; cette dernière dura trois jours et deux nuits et fut prescrite — d'après la confidence de l'un des policiers — par plus de quatre cents télégrammes du ministre et sur laquelle il y aura beaucoup à dire. Mais cette fois-ci la justice la fit pratiquer par deux officiers et quelques soldats du génie, lesquels, durant deux jours, sondèrent les murs de la maison et de ses dépendances, démolissant lorsque cela leur paraissait convenable, prenant des plans de la maison et des prises d'eau inexplorées; mais ils ne rencontrèrent pas, comme précédemment d'ailleurs, la preuve cherchée.

Le juge instructeur ne sachant alors où découvrir cette preuve, eut l'heureuse idée de s'adresser à M. Ugarte, puisque ce dernier était allé à Barcelone faire une enquête par ordre du gouvernement. Le fiscal du tribunal suprême lui répondit *qu'il avait entendu dire*, comme les habitants de Prémia, *que j'étais le directeur de tout le mouvement* et qu'il ne faisait que se faire l'écho d'une rumeur générale dans Barcelone. Ce fut là la dernière démarche du juge.

Que pensez-vous de cela, monsieur le directeur ?

Est-ce sérieux et digne de l'Espagne ?

Que dira-t-on de nous en présence de faits semblables ? Je dois ajouter que je proteste avec la plus grande énergie contre la conduite de la police qui, il y a trois ans, dans mon procès de Madrid, s'est conduite d'une façon inadmissible en *s'abaissant jusqu'à falsifier des documents* dans l'espoir de me nuire, en est arrivée aujourd'hui à faire des choses pires qui se connaîtront le jour de l'audience.

Je proteste également contre la saisie de mes vêtements ; on m'a tout enlevé, des caleçons jusqu'au chapeau, en m'obligeant à me vêtir de misérables habits et à me présenter ainsi devant les juges d'instruction et le personnel de la prison. La dernière fois que je vis le juge instructeur, je lui réclamais en vain, un vêtement de ceux que je possède chez moi, afin de le porter le jour de l'audience. Il me refusa cette faveur en me répondant que mes effets avaient été confisqués. Je ne pus même pas obtenir une paire de mouchoirs de poche.

Je dois protester encore contre ma détention — pendant le mois que dura le secret auquel j'étais soumis — dans un cachot de ceux que l'on appelle « riguroso castigo » lequel réunissait de si mauvaises conditions hygiéniques que si je n'avais pas joui d'une santé à toute épreuve et d'une volonté qui me faisait surmonter toutes ces misères humaines, je ne serais pas arrivé en vie à la fin de ma mise au secret.

Je termine en priant tous les directeurs de journaux, non seulement les républicains et les libéraux, mais tous ceux qui, au-dessus de toute passion politique, possèdent une juste conscience de la justice, de vouloir bien reproduire cette rectification et ces protestations, afin de pouvoir dissiper quelque peu la méchante atmosphère dont on m'a entouré et faciliter ainsi la tâche de mon défenseur devant le tribunal qui doit bientôt me juger.

F. FERRER.

Nous arrivons à la fin du mois d'août. Ferrer est indigné. Il veut aller trouver le juge d'instruction, pour faire justice des accusations qui pèsent contre lui. Mais il est arrêté en route par le *sereno* (policier veilleur de nuit qui, en Espagne, annonce les heures et le temps), odieusement brutalisé par les paysans de son village natal, indignement menacé par des amis d'enfance, traîné chez le gouverneur de Barcelone et de là incarcéré. Alors l'Inquisition renaît. Le commandant chargé de l'instruction lui fait changer tout son linge, fait examiner soigneusement son corps pour

découvrir à tout prix trace de cicatrice récente, examine
ses cheveux un à un pour voir s'il n'y en a pas de roussi.
On recherche dans son passé d'il y a vingt ans, la preuve
qu'il a pu participer aux incendies de juillet. Il faut à
tout prix qu'il soit coupable ; il faut qu'il soit le directeur
matériel et moral de l'insurrection ; il faut qu'on le tue,
car il faut cette fois tuer à jamais l'Ecole Moderne, la maison d'édition, la Ligue, la Revue, car il faut mettre la main
sur la fortune pour que l'œuvre soit à jamais détruite, car
il faut que l'homme remarquable et tenace qui a fondé
la libre-pensée en Espagne soit à jamais brisé.

Mais le secret est levé, l'instruction est close. Ferrer
va pouvoir, grâce à un gardien complaisant, faire connaître au monde civilisé, les odieuses machinations qu'il a
à subir depuis un mois. Ferrer sent déjà que la haine
des prêtres a fini par déborder, que l'ambiance qui règne
en Espagne lui est antipathique et qu'il est perdu.

Voici cette lettre poignante écrite à Charles Malato :

Carcel Celular, Barcelone, 1-10 1909.

Mon cher Charles,

On vient de lever le secret où j'étais enfermé depuis
un mois, mais je n'ai pas encore pu lire une lettre, un
journal, rien du tout. Au lieu de me loger dans le dépar-
tement destiné aux politiques, l'on m'a mis dans une cellule
au droit commun, où j'ai passé toute la journée enfermé,
sans pouvoir donner de nouvelles à qui que ce soit. C'est
maintenant, la nuit, que, par complaisance d'un employé,
je puis vous écrire. Je vais tâcher donc de vous raconter
mon cas : par ma lettre du 10-12 août, vous savez que je
n'avais eu connaissance du tout du projet de grève générale
pour le 26 juillet, en signe de protestation contre la guerre
du Maroc ; mais je ne sais pas comment a-t-on pu faire
courir le bruit de ce que moi en étais le promoteur. Qui a
commencé à faire courir ce bruit ? Etaient-ce les républicains lerrouxistes, parce que le mouvement avait pris ra-
cine, d'après ce qu'a raconté l'*Humanité*, dans le milieu
ouvrier de *Solidaridad obrera*, les lerrouxistes tenant à me
faire passer pour leur ennemi, puisque d'après eux je pro-
tégeais *Solidaridad obrera* qui leur faisait la guerre ?

Etaient-ce les cléricaux qui voyaient une belle occasion de me mettre encore une fois sur la sellette ? Je crois que des deux côtés on a eu intérêt à me faire du tort. Quoiqu'il en soit, je ne prenais pas garde à cela, étant sûr de n'avoir pris aucune part audit mouvement et pensant que l'on me laisserait bientôt tranquille. Mais, voilà qu'une personne de ma famille arrive tout effarée d'Alella en disant avoir entendu une jeune fille dire que j'étais à Premia, en train de brûler un couvent à la tête d'une bande d'incendiaires ; qu'elle le disait, non pas pour l'avoir entendu dire, non, mais qu'elle m'avait vu, de ses propres yeux vu, brûler le couvent. Qu'était cette jeune fille ? Était-elle la bonne d'une école des frères qu'il y a à Alella (mon village natal, tout près de Mongat) ou était-elle la bonne d'un clérical quelconque, si abondants à Alella ? Cela m'a donné à réfléchir. Notez qu'il n'y a pas eu de couvent brûlé à Premia, et qu'à ce moment je n'avais pas été à ce village.

A cause de cela, j'ai préparé mon départ de chez moi pour le lendemain, pour aller loger chez des amis pendant quelques jours, histoire de laisser passer cet état-là d'excitation, avec l'intention de me faire voir aussitôt les esprits calmés.

Quelques jours après, je voulais me présenter à un juge qui m'appelait, mais les amis où j'étais m'en ont dissuadé, me disant d'attendre encore, puisqu'il me donnait vingt jours de temps. Mais voilà que le 29 août, je lis dans la presse qu'Ugarte, le fiscal du tribunal suprême, qui avait été à Barcelone faire une enquête, vient de dire, après son retour à Madrid et en sortant du Palais où il avait lu son rapport au roy, que c'était moi l'organisateur du mouvement révolutionnaire à Barcelone et sur les villages de la côte. Alors, je n'ai plus pu y tenir, et, malgré l'avis des amis, je me suis résolu à me présenter aux autorités pour protester enfin contre de tels bruits et de telles affirmations, de si haut qu'elles puissent venir. Je quitte la maison des amis la nuit du 31 août pour aller prendre la ligne de l'intérieur en marchant une dizaine de kilomètres, pour arriver sans encombre à Barcelone et me présenter librement, n'étant pas connu dans cette ligne-là. Mais je ne comptais pas avec le *somaten* de mon village (le *somaten* est une institution de bourgeois armés pour défendre leurs propriétés des voleurs, mais au besoin il se met au service des gouvernements réactionnaires pour faire la police), qui m'arrête et malgré mes supplications, au lieu de me conduire chez le juge qui m'appelait, me conduit chez le *gobernador* de Barcelone : ces paysans-là, qui me connaissaient tous, ont été d'une sauvagerie révoltante, surtout un de mon âge qui, gamins, avions joué ensemble, appelé Bernadas (a) Miralta, qui m'attacha les coudes fortement avec une corde, me menaça plusieurs fois de me brûler la cervelle avec sa carabine, disant que j'étais l'homme le plus méchant de la terre, d'après ce qu'il avait entendu dire partout et lu dans les journaux. Pendant six heures, ils m'ont gardé dans la Maison Communale et à un moment donné, j'ai demandé à boire, ayant causé tout le temps avec eux. L'on a apporté un *botijo* d'eau fraîche, et le Bernadas n'a pas voulu me détacher pour boire ; il s'est offert à me verser lui-même l'eau dans la bouche. Ayant refusé, il a fait emporter l'eau sans que je puisse y goûter. Je vous dis cela seulement comme échantillon de l'état d'esprit des cléricaux à mon égard.

Me voilà chez le gobernador de Barcelone, qui me dit, en répondant à ma déclaration que j'étais innocent, que la lecture des livres de l'École Moderne pouvait bien être une des premières causes de la rébellion... donc, j'étais responsable. A la *Jefatura* de police, après avoir passé par le système Bertillon, l'on m'a gardé tout mon linge et costume, tout, depuis les chaussettes jusqu'au chapeau, et à l'étonnement même des employés, puisque c'était la première fois qu'ils voyaient faire une telle chose, l'on m'a donné du linge acheté à un bazar, un costume complet à quatorze francs, qui me venait petit, n'ayant pas pu encore boutonner mon gilet, avec un pantalon long de quinze centimètres et une casquette d'apache, l'on m'a envoyé ainsi déguisé chez le juge d'instruction et en prison !!! J'étais avec deux policiers dans le panier à salade qui nous conduisait à la prison. Cette voiture sautait tant et tant que les policiers n'y comprenaient rien du tout. A la fin ils ont ouvert une petite fenêtre pour demander aux cochers pourquoi ils allaient si vite et par où ils passaient ? Ils ont répondu que l'on leur avait donné l'ordre de faire un grand tour pour éviter la rencontre des ouvriers en sortant des ateliers (il était midi), et d'aller au galop sans s'arrêter pour quoi que ce soit.

Arrivons au premier interrogatoire du commandant Vicente Llivina y Fernandez, le juge chargé de mon instruc-

tion. C'était le même jour de mon arrestation, le 1er septembre au soir. Il m'a demandé comment j'avais passé les
journées des 24, 25 et 26 juillet. J'ai répondu que les 24 et
25 je n'avais pas quitté Mongat et je lui ai détaillé mon
séjour à Barcelone le 26 (tel que je vous l'ai écrit le 10-
12) (1) et lui ai parlé de mon étonnement en apprenant la
déclaration de grève générale. Il m'a demandé alors de lui
dire si je croyais que cette grève et rébellion avaient été
dirigées et par qui... Alors je lui ai expliqué ce que j'avais
lu dans l'*Humanité* (première quinzaine d'août), je vous
en recommande la lecture à vous, si vous ne l'avez pas
fait, comme je l'ai recommandée au juge, me paraissant
une relation faite par une personne des trois ou quatre
qui avait initié le mouvement, tant il explique bien tout
ce qu'il s'est passé. Il m'a demandé encore d'autres choses,
mais j'ai eu l'impression que le juge était animé de l'esprit
que devrait avoir tout juge, c'est-à-dire de celui de vouloir
découvrir la vérité, rien que la vérité. Alors je me suis
dit que, dans ce cas, je ne resterais pas longtemps enfermé.
Et puis, passe le 2, le 3, le 4, le 5 et pas de nouvelles visites

(1) Voici, d'après le rapport d'accusation, les déclarations de
Ferrer concernant l'emploi de sa journée le 26 juillet :

« Celui-ci déclare que depuis qu'il a été acquitté dans le procès
relatif à l'attentat de Morral, il a été constamment surveillé de près
par la police, ce qui ne le gênait en rien. Que ni le 24, ni le 25 juillet, ni quatre ou cinq jours auparavant, il n'avait quitté Mongat ;
qu'il ne le fit que le 26, à huit heures, pour venir à Barcelone, où
il avait à faire différentes courses, une entre autres pour s'infor-
mer du prix que lui coûterait une œuvre nouvelle ; qu'il se rendit
alors à son domicile de Barcelone, où il trouva le graveur qui
l'attendait... Qu'il partit ensuite de sa maison, fit toutes ses courses
à pied et entra au Café Suisse pour déjeuner, ce qu'il ne fit pas,
le garçon l'ayant mal reçu. Qu'il donna l'ordre de porter à la gare
de France une caisse contenant un vêtement pour sa femme, et
cela avant six heures dix, attendu qu'il pensait partir par ce train ;
qu'il ne put le faire, la voie étant coupée, et qu'il se décida alors à
s'en retourner à Mongat à pied, ce qu'il fit, en effet, après avoir
soupé et pris son café. Il arriva à Mongat à cinq heures du matin
et il ne quitta pas le pays jusqu'au 29 au matin, date à laquelle
il alla loger chez des amis, espérant que les esprits se calmeraient,
car il avait entendu dire à une fille de Alella qu'il s'était mis à la
tête des révolutionnaires qui avaient brûlé un couvent à Premia.
Il ajoute qu'il ne veut pas nommer la famille qui lui a donné l'hospitalité et qu'il fut arrêté sur le chemin de Masnou par le *somaten*
d'Alella. »

du juge. Cela m'intriguait. Arrive le 6 et l'on m'appelle
en communication. Ce n'était plus le même juge. Un
commandant aussi, très correct, Valerio Raso est son
nom, mais j'ai cru voir bientôt en lui le Becerra del Toro
de mauvaise mémoire. Plus poli, très cavalier, ayant l'air
d'une bonne personne, mais si épris du métier, si recher-
cheur du coupable que malgré eux ces hommes-là oublient
qu'ils sont juges, qu'ils doivent chercher la vérité partout
et non pas seulement d'un côté. Bref, j'ai débuté avec
D. Valerio Raso avec une reconnaissance qu'il a fait faire
de mon corps par deux médecins militaires, pour voir
si j'avais trace de quelque coup, blessure ou cicatrice récente. Il leur a rappelé leur jurement de dire la vérité et
les deux se sont mis à vérifier de la tête aux pieds avec
une telle attention que si par malheur, je m'étais blessé
chez moi à propos de n'importe quoi, si peu j'aurais eu
une égratignure quelconque, rien n'y aurait valu, l'on
m'aurait fait fusiller au plus pressé. N'ayant rien vu de
suspect, alors ils ont recommencé à vérifier ma tête,
comme s'ils comptaient les cheveux, la même chose aux
mains, regardant les poils, un à un. Ils cherchaient des
cheveux ou poils qui auraient été brulés. Ç'aurait été la
preuve pour eux que j'avais assisté à la crémation des
couvents ; même que j'aurais pu m'être brûlé en fumant
ou en allumant le feu chez moi. La visite terminée, le juge
m'a envoyé en cellule.

Le 9, premier interrogatoire de ce nouveau juge. Il m'a
demandé si j'avais été à la Maison du Peuple de Barcelone
le 26 (c'est le centre lerrouxiste) et à Masnou et à Premia
le 28, et pourquoi j'y étais allé. J'ai répondu la vérité et
il n'avait pas l'air de donner beaucoup d'importance à cela.
Par contre il en a donné beaucoup à une note biogra-
phique qu'en 1907 j'ai envoyé à Furnemont, sur sa de
mande pour être publiée dans l'Almanach de la Fédération Int. de la Libre Pensée qui fut publié cet année là.
Comme j'avais déclaré, que je ne faisais partie d'aucun
parti politique, ni révolutionnaire, me dédiant seulement
à l'éducation rationaliste, il a cru me trouver en contra-
diction parce que dans cette note-là je fais des déclarations
révolutionnaires (1). Je lui ai fait remarquer son erreur

(1) Voici la partie incriminée de cette biographie publiée pa:

en lui faisant voir que je parlais de mes idées révolutionnaires en 1885, mais que j'ajoutais que maintenant, je n'avais de la foi que dans l'éducation, etc. Puis il a donné

l'*Almanach-Annuaire illustré de la Libre-Pensée internationale*, publié par le Secrétariat général pour 1908 :

Francisco Ferrer, fondateur de l'Ecole Moderne à Barcelone.

Francisco Ferrer Guardia, né à Alella (Espagne), le 13 janvier 1857. Tout enfant, il se passionna au récit que lui faisait un de ses oncles, au sujet des conspirations du général Prim et autres révolutionnaires, qui voulaient chasser la monarchie des Bourbons. Et, lorsqu'en 1868, Isabelle II dut abandonner le trône et fuir à l'étranger, Ferrer, qui n'avait que onze ans, prit part aux réjouissances populaires. Tous ces faits laissèrent leur empreinte dans son esprit. Et depuis lors, il ne cessa de s'intéresser aux luttes politiques, se rangeant du côté de ceux qui désirent plus de bien-être et de bonheur, contre ceux qui entendent jouir seuls et souvent aux dépens des autres.

Il prit plus tard une part si active à ces luttes qu'en 1885 il dut émigrer pour échapper aux persécutions des gouvernants monarchiques, maîtres de nouveau de l'Espagne. Il vécut à Paris, donnant des leçons d'espagnol et travaillant en même temps avec les autres républicains exilés, à la restauration de la république ; mais il s'occupa néanmoins tout spécialement des questions pédagogiques. Il était si convaincu que sans une éducation adéquate préalable, tout mouvement d'affranchissement doit demeurer inopérant, qu'il ne s'occupa plus guère désormais que d'organiser un système type d'enseignement rationaliste qui pourrait être adopté par le peuple à la place de l'enseignement clérical ou d'autorité établi partout.

En 1901, il ouvrit l'Ecole Moderne de Barcelone, avec 33 élèves et un livre de texte seulement, se proposant fermement de n'employer d'autres livres que ceux qui seraient exempts de tous préjugés... religieux ou autres? Son système rationnel d'enseignement fut si bien accueilli que d'autres écoles l'adoptèrent et qu'au bout de cinq ans il y avait en Espagne une cinquantaine d'écoles rationalistes, et la bibliothèque scolaire de l'Ecole Moderne se composait déjà d'une trentaine de volumes se rapportant à toutes les branches de l'enseignement.

Les jésuites de Barcelone étaient furieux de voir l'extension que prenait l'œuvre si féconde de l'Ecole Moderne. Et après la fête anticatholique du vendredi dit Saint, 12 avril 1906, à laquelle prirent part mille sept cents élèves, leur fureur se changea en haine et ils jurèrent la perte de l'Ecole Moderne et de son fondateur.

Quelques semaines après, le 31 mai Mateo Morral lança une bombe contre le couple royal d'Espagne... On sait le reste. Ferrer fut impliqué odieusement dans l'affaire. Et certes, les réaction beaucoup d'importance à une lettre que j'écrivais à Lerroux en 1899, l'engageant à se mettre à la tête du mouvement républicain en Espagne. Je lui ai répondu qu'alors, je n'étais pas encore tout à fait guéri des questions politiciennes. Encore beaucoup d'importance à une lettre d'Estevanez en 1906, répondant à Morral sur un livre qu'il lui avait demandé et une recette pour fabriquer un certain sable. Je lui ai dit que cette chose avait été discutée et jugée en 1906 et 1907. Et enfin, une chose terrible, une feuille-appel révolutionnaire que la police a trouvée chez moi. Feuille que je n'avais jamais vue, ayant l'air vieille. Le juge m'a dit que cette feuille avait été trouvée en présence de mon frère, ma belle-sœur et Soledad. Alors, je lui ai dit que si c'était ainsi, je ne savais pas comment elle était arrivée à la maison, mais que je pouvais assurer ne l'avoir jamais vue. Dans cette feuille, l'on parle de brûler les couvents, exterminer les congrégations, détruire les banques et de tout détruire. Vous voyez, mon ami, comme cette feuille venait à point, si l'on pouvait m'en donner la paternité et même m'accuser de l'avoir distribuée moi-même comme le juge prétendit le savoir. Alors, j'ai compris que l'on voulait coûte que coûte, me rendre responsable de tout, tout en n'ayant rien fait. Le juge parti, j'ai eu le temps de réfléchir sur cette maudite feuille, car le juge a tardé 10 jours à revenir, et le 19, en le voyant pour son deuxième interrogatoire, j'ai protesté contre la présence de cette feuille dans mon dossier, déclarant qu'il y avait un faux de la part de la police ou du juge en m'affirmant que la feuille avait été trouvée en présence de ma famille lorsque je savais que ce n'était pas vrai, puisque la perquisition faite le 11 août à Mongat en présence de ma famille, d'un lieutenant de la Garde Civile et de deux autorités de la localité n'avait donné lieu, après 12 heures de lire tous mes papiers, qu'à la saisie de trois choses : une lettre de Charles Albert adressée à mon frère, une lettre d'Anselmo Lorenzo parlant d'un prêt de 900 pesetas que j'avais fait à *Solidaridad Obrera* lorsqu'elle loua le local sociétaire, et

naires espagnols auraient profité de cette occasion pour donner satisfaction aux jésuites, sans l'indignation générale des libres-penseurs de partout et des défenseurs de la vérité et de la justice qui, dans tous les pays civilisés, élevèrent la voix en faveur de Ferrer, innocent du crime pour lequel il était poursuivi, et des autres inculpés...

une clef de Lerroux, vieille de quelques années. C'est-à-dire, rien du tout. Le juge me promit de donner cours à ma protestation, mais je n'ai rien vu depuis. L'interrogatoire de ce jour-là, le 19, porta sur un brouillon d'appel révolutionnaire fait par moi en 1892 pendant le congrès de la Libre Pensée tenu à Madrid. Le juge a voulu y voir une grande coïncidence entre ce que j'écrivis alors et ce qui s'était passé en juillet 1909, dix-sept ans après. J'ai eu beau lui faire remarquer qu'il n'y avait pas coïncidence du tout et surtout que ce brouillon n'avait pas été imprimé et que je n'y avais plus pensé depuis lors, il n'en voulait pas démordre, disant qu'il passait les nuits jusqu'à trois heures du matin, étudiant mot par mot ce brouillon et en recherchant la signification vraie... Qu'y faire ? Il est parti me laissant dans une grande angoisse. Je me suis promis de protester de toutes mes forces lors du nouvel interrogatoire contre cette tendance à vouloir trouver dans mon passé, des preuves pour justifier les faits présents, et protester aussi contre les accusations portées contre moi par des républicains lerrouxistes de Masnou et de Premia dont je vous parlerai tout à l'heure ; mais voilà qu'aujourd'hui se présente le juge pour m'annoncer qu'il avait terminé mon dossier, que j'allais être jugé un de ces jours par le tribunal militaire, et il me pria de vouloir choisir le nom d'un défenseur parmi des listes d'officiers que je ne connais pas. J'ai eu beau protester, disant que j'avais encore beaucoup à déclarer sur les agissements de la police, en offrant de l'argent à une personne, qui me connaît, pour la faire déclarer quelque chose contre moi et sur les motifs qui avaient poussé les lerrouxistes à déclarer contre moi. Il ne m'a permis rien du tout, disant que la loi militaire n'était pas comme la loi civile. C'est donc fini : je vais être jugé, jugé ? un de ces quatre matins par des hommes qui, je crains bien, n'auront pas l'esprit assez libre pour juger sereinement les faits qui me sont reprochés.

Voilà la chose grave, d'après le juge : le mercredi 28 juillet, je suis allé à Masnou, village qui se trouve à deux kilomètres du Mas Germinal, me faire raser, comme j'y allais deux fois par semaine. Aussitôt chez le coiffeur, la boutique s'est remplie de monde pour me voir, pour me causer, car le bruit courait que c'était moi le directeur du mouvement de Barcelone, chose que j'ignorais. J'ai vite fait comprendre à ces gens-là que je n'y étais pour rien à tout cela. Au contraire : je désirais avoir des nouvelles de Barcelone pour savoir si les boutiques étaient ouvertes, car j'étais désireux d'aller voir ma librairie aussitôt que la grève serait terminée. Précisément il venait de passer un remorqueur portant des personnes de Masnou qui venait de Barcelone et qui allait les débarquer à Premia, village à deux kilomètres au delà de Masnou, ne leur ayant pas permis de débarquer à Masnou. Alors, j'ai demandé à un nommé Puig (a) Llarch, qui venait de dire qu'il avait réussi à calmer une foule qui voulait se porter à commettre des excès et que, pour ce motif, il avait été félicité par le maire de Masnou, je lui ai demandé s'il voulait aller avec moi à Premia pour nous renseigner sur l'état de Barcelone, auprès des personnes qui en venaient. Ce Llarch est le président du Comité républicain de Masnou. Il a accepté, nous sommes allés à Premia, mais les personnes n'avaient pas débarqué non plus, et alors nous sommes retournés, lui à Masnou et moi à Mongat. Naturellement que, pendant les cinq ou dix minutes que nous sommes restés à Premia, nous avons été très entourés, nous demandant des nouvelles, et nous à eux, comme l'on fait dans de telles circonstances en tout lieu. Eh bien ! de cette visite l'on veut en faire une grande affaire, parce que ce Puig de Masnou a déclaré aux autorités que je lui avais proposé de seconder le mouvement de Barcelone et de brûler le couvent et l'église de Masnou, ce qui n'est pas vrai du tout. Puis, vint le maire républicain de Premia, un nommé Casas qui, d'après ce qu'il paraît, se trouvait parmi les personnes qui nous entouraient, et qui déclare aussi que je lui ai proposé de proclamer la République à Premia et de brûler le couvent et l'église, ce qui est aussi faux. Le juge m'a confronté avec ces deux canailles d'individus qui ont affirmé leurs dires malgré mes protestations, leur rappelant que nous n'avions échangé que les mots d'usage ces jours-là : Qu'y a-t-il ? Que savez-vous, d'ici, de là ? Qu'est-ce que l'on dit ?

Je continuerai demain, si je puis. Maintenant je suis trop fatigué. Il me reste à dire que mon mois de secret a été bien dur. Dans un local infect, sans air ni lumière, avec une nourriture de forçat... Il faut être fort pour avoir résisté...

Bien des choses à tous, tous, tous.

F. FERRER.

Mais il faut faire vite. Pour satisfaire au désir de l'opinion publique, nationale et étrangère qui commence à s'émouvoir, le gouvernement espagnol vient d'être contraint de rétablir les garanties constitutionnelles dans toute l'Espagne. Bien entendu, la Catalogne a été exceptée de cette mesure, car, dit M. Maura, chef du gouvernement, « elle n'a pas encore reconquis la tranquillité morale ». La vérité est que les Cortès vont se réunir le 15 octobre et sous l'indignation des partis libéraux, démocrates et républicains, on ne pourra plus maintenir la suspension des garanties. Dans ce cas, Ferrer sera jugé par un tribunal civil. Il sera interrogé par le président. Les témoins à charge et à décharge seront appelés à déposer. Et son innocence va, une seconde fois, éclater aux yeux de tous.

Il faut donc se hâter ! Car devant le tribunal militaire, pas d'interrogatoire, pas de témoignages. Il faut un procès rapidement bâclé. Ce n'est pas le jugement qui importe : c'est l'exécution.

Au capitaine du génie Francisco Galceran, qui demande à faire citer des témoins à décharge, on répond que les délais légaux sont passés et l'instruction close. A quoi bon en effet, des témoins à décharge ?

A Ferrer, qui vient d'obtenir du directeur de la prison l'autorisation de toucher cinquante francs pour tenir au courant ses amis, on retire l'autorisation. Le secret est levé, mais l'accusé doit se taire.

On raconte depuis un mois, dans toute la presse catholique, que la maison d'édition publie des ouvrages incendiaires. Le capitaine défenseur demande une collection des ouvrages pour prouver la fausseté de cette accusation. On la lui refuse. (1)

---

(1) Comme en témoigne la lettre suivante, adressée à Mme Ch. Albert :

6-10 1909.

Chère Madame,

Prière de dire à Charles que, comme preuve du mauvais vouloir envers moi du juge ou de ses supérieurs, je viens d'être prévenu que le juge retire l'autorisation qu'il avait donnée au directeur de la prison de mettre cinquante francs à ma disposition

Nous pourrions nous disperser complètement de discuter la comédie qui commence. Un procès qui s'engage dans de telles conditions, sans aucune des plus élémentaires garanties de justice, avec, au contraire, le désir bien marqué d'en finir rapidement, ne ressemble en rien à ce que les nations civilisées ont pour coutume de considérer comme la recherche de la vérité. L'indignation qui a spontanément enflammé toutes les consciences droites prouve à l'évidence que de semblables parodies légales ne s'examinent pas, ne se discutent pas, mais rendent méprisables ceux qui en sont les auteurs.

Pourtant et malgré ces considérations, nous croyons utiles d'examiner succinctement cette accusation. Elle montrera d'une façon plus éclatante encore si c'est possible, la volonté bien nette et bien arrêtée d'aboutir à une condamnation, coûte que coûte, condamnation qui devra être immédiatement exécutée, car le temps presse.

Vingt-quatre heures enfin avant le procès, le dossier comprenant six cents folios est communiqué, pour la première fois, au capitaine défenseur.

pour mes besoins personnels : timbres-poste, papier à lettres, frais de télégrammes, etc. et, chose plus étonnante encore, *il refuse à mon avocat une collection des ouvrages de l'Ecole Moderne que j'avais demandée pour qu'il puisse se rendre compte de la mauvaise foi des cléricaux en combattant l'Ecole Moderne. Donc, on retire à mon avocat les moyens de défense.*

Dans la lettre d'hier, adressée à Mme L. (cette lettre n'est pas parvenue) je fais un compte rendu des dossiers de mon procès où il ne s'y trouve aucune charge. Le juge a cherché partout et n'a rien trouvé contre moi, étant obligé en dernier lieu de s'adresser au fiscal suprême qui avait dit que c'était moi le directeur de la rébellion en lui demandant des preuves, et le fiscal a été obligé d'avouer qu'il n'en avait pas non plus, *mais qu'il l'avait entendu dire.*

Mon avocat est sûr de mon acquittement quant aux faits; mais il a peur que le tribunal se laisse influencer par la mauvaise atmosphère créée autour de moi. Il n'y a de liberté que pour la presse réactionnaire qui parle contre moi. Quant aux libéraux, ils ne peuvent rien dire en ma faveur. Alors ?

Il faut aider mon avocat en rendant publics tous ces faits.

De cœur à tous.

F. FERRER.

LE PROCÈS

I. Le rapport d'accusation

Le 9 octobre, à huit heures du matin, le conseil de guerre entre en séance.

Il est composé de la façon suivante :

Président : don Eduardo Aguirre de la Calle, lieutenant-colonel du régiment d'infanterie de Mahon.

Conseillers : les capitaines don Pompeyo Marti Montferrer, et don Sebastien Carreras Portas, du 4e régiment mixte du génie ; don Marcelino Dyaz Casabuena, du 9e régiment d'artillerie montée ; don Manuel Llianos Terriglia, du régiment de Mayorque ; don Aniceta Garcia Rodriguez, de la zône de recrutement de Barcelone, et don Julio Lopez Marzo, du régiment d'infanterie d'Alcantara.

A droite du tribunal prend place le juge instructeur, don Valerio Raso y Negrini, qui a devant lui le volumineux dossier de l'instruction et un autre cahier un peu moins important mais encore beaucoup plus gros que dans la plupart des causes, et qui est son rapport.

Le fiscal (ministère public), capitaine d'infanterie du régiment de Vergara, don Jesus Mari Rafalès, prend place devant une table entre le juge instructeur et le tribunal ; et à une autre table placée à gauche s'asseoit le défenseur de l'accusé, le capitaine du génie don Francisco Galceran.

Le président déclare le conseil de guerre constitué et appelle l'accusé, Francisco Ferrer Guardia, qui fait son entrée avec le plus grand calme entre deux haies du régiment d'infanterie de Grenade n° 34.

En entrant, Ferrer salue le tribunal et le public d'une inclination de tête et déférant aux ordres du président, va occuper un siège entre le juge instructeur et son défenseur. Il est vêtu du complet qui lui a été fourni par l'autorité militaire, lors de son incarcération et qui le ridiculise complètement. Il demande au tribunal de l'excuser s'il ne comparait pas dans une tenue plus appropriée à la circonstance. Le président l'interrompt immédiatement.

Le commandant don Valerio Raso y Negrini commence la lecture de son rapport, document qui comprend plus de cinquante pages (1).

Tout ce que la lâcheté humaine peut trouver de plus honteux est réuni dans ce document. La peur et la trahison s'y manifestent amplement. On sent que tous ces paysans viennent raconter des potins de village, de crainte d'être soupçonnés ; d'autres viennent apporter leur témoignage, par besoin d'écraser la victime ; d'autres enfin, les plus compromis et les plus affirmatifs, rejettent sur Ferrer la responsabilité des actes dont ils sont accusés.

Mais nous ne trouverons pas un seul témoignage sincère et digne de foi, indiquant la participation matérielle ou morale de Ferrer aux événements de juillet.

Cet acte d'accusation pourra servir de modèle pour les procès de tendance à venir.

On y voit en effet le chef de la police de Barcelone déclarer très sérieusement qu'après son acquittement au procès de Madrid, Ferrer vint à Paris et *devint un des éléments les plus actifs de la Confédération du Travail* ; en homme perspicace, il ajoute que Ferrer est revenu de Londres *au moment où allaient éclater les troubles.*

On y voit le sergent de *guardia civil* (gendarmerie) Manuel Velasquez, déclarer que Ferrer a fait de nombreux voyages à Masnou, où il a harangué la foule et a tenté d'entraîner les exaltés pour les amener à venir défendre leurs frères les armes à la main, alors que tous les autres témoins à charge de ce village sont unanimes à affirmer qu'il est venu chez le barbier de Masnou se faire raser le 28 juillet seulement, *et qu'il a été impossible de trouver aucun autre témoignage émanant de cette foule haranguée.*

(1) On trouvera l'acte d'accusation dans le *Gil Blas* des 14 et 15 octobre 1909.

On y voit le barbier Francisco Domenech, de Masnou, obéissant on ne sait à quels mobiles, mais surtout terrorisé par la peur, faire deux dépositions absolument contradictoires.

On y voit le maire du village de Premia, accusé lui-même par son conseiller municipal Cahué, de lui avoir fait des propositions inacceptables, et emprisonné depuis le début du mois d'août pour participation aux violences et aux incendies, déclarer qu'un « individu, qui lui a dit se nommer Ferrer Guardia » (1) l'a invité à prendre part au mouvement sans qu'il apparaisse qu'à aucun moment le juge ait pris la peine se vérifier si l'accusé est bien la personne désignée par le témoin.

On y voit le nommé Jean Puig Ventura Llarch, de Masnou, affirmer, peut-être pour se sauver lui-même, car dix-neuf témoins de Premia l'accusent et il est incarcéré depuis le début du mois d'août pour participation aux incendies, que Ferrer, que, selon son propre aveu, il n'avait pas vu depuis vingt-cinq ans, est venu lui proposer confidentiellement de brûler les couvents de Masnou. (2)

On y voit dix-neuf paysans de Premia établir de leur propre autorité et sans autre indication, un rapport entre le *départ de Ferrer et de Llarch de ce village et les incendies qui s'y allumèrent quelque temps après.*

On y voit aussi un certain Lorenzo Ardid éprouver le besoin de déposer que Ferrer lui a *demandé*, le 26 juillet, ce *qu'il pensait des événements du jour*, question à laquelle cet homme courtois a répondu en lui tournant le dos, ce à quoi il attache une grosse importance.

On y voit la fameuse proclamation révolutionnaire qui ne fut découverte chez Ferrer qu'après l'exil de sa famille,

(1) « Le témoin ajoute que ces paroles produisirent une sorte « d'émoi chez ceux qui les entendirent et sur lui en particulier, à « cause du mal qu'il avait entendu dire de cette personne. »

(2) Ce témoin Puig, et le précédent Casas, furent rapidement récompensés de leur complaisance. Dès leur déposition contre Ferrer terminée, *ils furent remis en liberté provisoire, alors qu'ils étaient poursuivis pour participation à l'incendie du couvent de Premia et incarcérés depuis un mois et demi.*

douze heures de perquisition n'ayant pas été suffisantes lors de sa présence.

On y voit aussi le *somaten* Francisco Bernadas, d'Alelia, venir raconter les circonstances de l'arrestation de Ferrer, mais négligeant complètement de rappeler l'odieuse barbarie avec laquelle il traita le prisonnier, son ami d'enfance.

C'est là le faisceau de preuves de l'accusation. C'est sur des bases semblables que l'on ose étayer un procès qui va être suivi de condamnation capitale.

II. Le réquisitoire

Mais ce n'est pas fini. Nous allons entendre le réquisitoire du capitaine Jésus Marin Rafaeles (1), bâti sur des « témoignages » dubitatifs qui sont à l'instruction et qui ne sont qu'un ramassis d'opinions de gens intéressés à perdre Ferrer ou chauffés à blanc par la presse conservatrice.

Ainsi, en outre des témoignages relatés au rapport d'accusation, le capitaine Marin fait état :

De la déposition d'un journaliste, Manuel Ximénès Moya, « *parce que, de l'avis de ce dernier,* la révolte surgit de *Solidaridad Obrera,* et dont *il signale* comme directeurs, Ferrer et la Ligue antimilitariste. »

De celle du conseiller municipal Verdaguer, qui dit que « *suivant des renseignements qu'il n'a pas le moyen de contrôler, mais qu'il croit exacts* » les événements commencèrent sous l'initiative et la direction d'éléments plus ou moins anarchistes, *poussés et conduits par Ferrer Guardia* et un nommé Fabre.

De celle de deux conseillers municipaux de Premia, qui disent que les violences *commencèrent une heure après* le départ de Ferrer de Premia.

De celle de l'agent de sûreté Angel Fernandez Bermego,

(1) On trouvera le réquisitoire intégral dans le *Gil Blas* n" des 16, 17, 18, 19 octobre 1909.

qui a suivi Ferrer le 26 juillet, *et l'a vu causant dans l'un des groupes* qui étaient sur la Rambla. (Voir à ce sujet l'emploi du temps de Ferrer d'après ses déclarations à l'instruction, page 51, en note.)

De celle de Don François de Paule Colldeforas, qui affirme que le mardi 27 dans la soirée, il vit sur la Rambla un groupe *commandé par un individu qui parut être Francisco Ferrer Guardia, qu'il connaissait uniquement par une photographie.*

De celle du barbier Domenech, qui dit que dans la soirée du 28, à Masnou, « il y eut des groupes nombreux, des gens étrangers, venus des localités voisines, *qui attendaient que Ferrer arrivât, mais que celui-ci ne parut pas* ».

De celle de Juan Maina, qui *déclare avoir la certitude morale* qu'un certain Casola, de son vrai nom Sola, reçut directement de Ferrer des instructions pour la Révolution ;

De celle du *sereno* de Premia, Jeronimo Cardona, qui déclare que son compagnon Janin Cisa *lui avait dit* que Ferrer s'était rendu à Premia pour se mettre à la tête du mouvement révolutionnaire ;

De celle de Don Vincente Puig Pons, signalant l'existence d'un parti de trente hommes *qu'il croit avoir été recrutés par Ferrer*, et qui parut à Premia, faisant observer que le fait de ce recrutement, *bien qu'il n'ait pu personnellement le constater, N'EN DEVAIT PAS MOINS ÊTRE CERTAIN ;*

De celle de Salvator Millet, qui dit que, *selon certains rapports*, les 27 et 28 juillet, on vit à Masnou des groupes révoltés qui assaillirent la mairie ; que du haut des balcons ils haranguèrent la foule, *un de leurs orateurs déclarant qu'il parlait au nom de Ferrer*, lequel ne pouvait être là, réclamé qu'il était par les événements de la révolution de Barcelone ;

Puis nous arrivons aux coïncidences. Des soldats ont remarqué sur la Rambla, le 28 juillet, un individu portant un complet bleu et un chapeau de paille, et à l'instruction ils indiquent Ferrer comme la personne à qui ce signalement se rapporterait. Or, des individus arrêtés postérieurement et trouvés porteurs de revolvers Smiths nouveau modèle, déclarent que ces armes leur ont été données par un individu qu'ils ne connaissent pas, mais qui portait un complet bleu et un chapeau de paille. Mais on a vu que le 28 juillet, Ferrer est allé à Masnou et à Premia à pied, et qu'il est vêtu dans ces villages d'un village d'un complet gris.

Et les renseignements de troisième main : les *on dit que, on suppose que, on soupçonne fort*. Tous renseignements provenant de l'état d'invraisemblable surexcitation et de terreur où se trouve la population chauffée à blanc contre Ferrer, ou relatant des bruits, de façon à n'être pas compromis.

Le Fiscal ajoute que « si la preuve testimoniale *nous* « *montre Francisco Ferrer Guardia comme le chef de la* « *rébellion*, la preuve documentaire vient ratifier la preuve « testimoniale. D'abord lui-même s'offre à nous comme un « perpétuel agitateur et un rebelle dans son Autobiographie « écrite en français et dédiée à M. Furnémont (1), et dans « une autre publiée par *l'Espagne Nouvelle*, dans son nu- « méro du 16 juin 1906 (folios 372 et 373) où il se vante de « sa participation à tous les mouvements survenus en Es- « pagne depuis 1885 ; dans la dernière surtout, il donne « son portrait en pied, en ces termes : « Je ne conçois pas « la vie sans propagande ; partout où je me trouve : dans « la rue, dans les établissements, en tramway, dans le « train ; avec quiconque se présente, je fais toujours de la « propagande. »

Il relève aussi une clef de correspondance politique, instituée *en 1892*, entre Ferrer et le député radical espagnol Lerroux et conclut : « Cela ne révèle-t-il pas l'organisateur, le commandant, le chef ? »

Arrive enfin l'analyse des fameuses proclamations révolutionnaires, soi-disant trouvées au Mas Germinal à Mongat, lors de la perquisition du 27 août.

A ces circulaires, que la police n'a pu trouver après une perquisition de douze heures faite le 11 août en présence

(1) Voir cette biographie, pages 52 et 53 en note.

de trois témoins, et qu'elle ne prétendra découvrir qu'après un pillage de trois jours et deux nuits exécuté le 27 août — tous témoins ayant été préalablement relégués à Téruel — le fiscal a la naïve audace d'attribuer une importance. Ah ! elles arrivent à point ces circulaires ! On y réclame l'abolition de toutes les lois existantes, l'expulsion ou le bannissement de tous les ordres religieux, la démolition des églises, l'incendie des couvents, la confiscation de la Banque et des Chemins de fer.

Et ce procureur idéal pour un gouvernement jésuitique, les analyse avec soin. Et il en relève les moindres détails. Pas un instant, il ne verra ce qu'à d'insensée l'idée qu'un « chef de rebellion » ait conservé soigneusement chez lui de telles proclamations où pendant un mois elles échapperaient aux investigations policières. Il n'imagine pas que la circulaire incendiaire soit l'œuvre de la police : c'est évident. Il ne dit pas un mot sur les conditions dans lesquelles elle fut découverte : ce serait dangereux. Mais il remarque que, sur cette copie à la machine, trois lettres ont été corrigées à la main. Il fera ressortir que, pour l'examen de ces trois lettres, deux experts ont été nommés à l'instruction. Il ne verra pas ce qu'il y a de ridicule à supposer qu'un « chef de rebellion », amoureux de l'orthographe, puisse occuper son temps en pleine révolution, à corriger trois lettres dans un placard dactylographié. Et quand les deux graves experts diront que les corrections *peuvent avoir été écrites de la même main que certaines lettres de Ferrer*, mais ajoutant *qu'ils ne peuvent l'affirmer catégoriquement*, le fiscal triomphera : « Les experts *affir-* « *ment* que les corrections *ont dû* être faites par Ferrer, en « raison de la ressemblance de ces lettres avec les docu- « ments qui leur ont été soumis. »

Mais le réquisitoire est terminé. Il faut conclure. Ici le fiscal éclate. Il va enfin nous dire nettement ce qu'il veut :

« Assurément, chacun de ces faits (incendies, etc.) a eu ses auteurs matériels, mais il est également sûr que *jusqu'à ce moment ces auteurs nous sont inconnus* étant donné que les procès innombrables commencés sur ces particuliers n'ont pas été jugés. *Il n'y a, par conséquent, d'autre parti à prendre que de* nous en tenir aux termes du second paragraphe de l'article 242 du code de justice militaire, *déclarant subsidiairement responsable de tels faits*, en matière criminelle et civile, le prévenu Ferrer Guardia, comme chef principal de la rébellion, la responsabilité civile devant effectivement s'exercer sur tous les biens du prévenu... »

Qu'on retienne bien cette phrase : « Jusqu'à ce moment, « les auteurs matériels nous sont inconnus... Il n'y a par « conséquent d'autre parti à prendre... que de déclarer « subsidiairement responsable de tels faits... le prévenu « Ferrer Guardia... Je conclus donc au nom du Roi (que « Dieu garde) en demandant contre Ferrer Guardia, la « sentence de la peine de mort... »

Jamais peut-être un procureur n'avait senti et avoué aussi brutalement le vide de son réquisitoire. Jamais il n'avait déclaré avec une aussi stupéfiante audace que tout ce qui se passait à ce moment n'était que duperie, et qu'une condamnation rapide était, pour d'autres raisons, nécessaire.

III. La défense

On venait d'entendre l'acte d'accusation et le réquisitoire. On vivait dans une atmosphère de vengeance. Était-il besoin de défense ? Et un officier espagnol aurait-il le courage de braver l'ambiance au péril de son avenir ? N'étant que depuis vingt-quatre heures en possession d'un dossier de 600 folios, serait-il en état de comprendre l'infamie dont son client était victime ?

Le capitaine du génie Francisco Galceran y Ferrer s'était levé. En phrases cinglantes, il clamait les conditions honteuses dans lesquelles s'était ouvert cet infâme procès. Il tentait, au nom de la civilisation humaine, d'élever le Conseil au-dessus des haines du clergé accumulées sur la tête de son client. Il s'éleva même à une hauteur de vues susceptible d'émouvoir les esprits les plus prévenus contre

Ferrer, et prononça une plaidoirie qui restera comme une des pages les plus émouvantes de l'éloquence judiciaire.

« Avant tout, je dois exposer les circonstances dans lesquelles s'est déroulé le procès contre Francisco Ferrer. Au cours de l'instruction tous ses ennemis ont témoigné ; on a reçu et joint au procès-verbal d'enquête toutes les dénonciations anonymes qui pouvaient lui porter préjudice ; on a accumulé les avis des autorités plus ou moins au courant de l'affaire ; on a exilé toutes les personnes pouvant nous éclairer sur la vie, les habitudes et les travaux auxquels se consacrait l'accusé ; bien plus, après la lecture de l'acte d'accusation, on m'a refusé toutes les preuves que j'ai sollicitées ; je n'ai pu obtenir que fussent entendus les témoins qui désiraient l'être, sous prétexte qu'ils avaient dépassé le délai légal, et je me trouve en face d'un procès terminé sans que l'instruction, en quête seulement de charges, et ayant eu recours dans ce but à des ennemis politiques de Ferrer, qui par tous les moyens ont essayé de salir mon client, ait un seul moment recherché la vérité.

« Mais de ce que j'expose ces faits avec le plus grand calme possible, et sur un ton de protestation, il ne faut pas conclure que je me présente devant vous découragé ou désarmé. Les obstacles ont redoublé mon énergie ; elle m'a soutenu dans la marche forcée que des intérêts méconnus m'ont obligé à supporter et, appuyé comme je le suis sur la raison, si mes facultés correspondent à ma volonté, je ne m'effraie pas de ce qui peut arriver : les accusations tomberont d'elles-mêmes et vous comme moi briserez l'indigne contrainte qui, depuis quelque temps, pèse sur tous pour écarter de cette cause la vérité et la raison.

« Tous les éléments réactionnaires unis à la classe conservatrice — formant cette coalition qui pompeusement se dénomme parti de l'ordre, mais qui peut-être a provoqué par égoïsme les événements de juillet — ont voulu cacher leur lâcheté de ces jours-là derrière l'impitoyable châtiment de leurs adversaires, en manifestant avec une fureur indigne leur désir que la répression soit sanglante. Constamment, au moyen de leurs organes de presse, ils rappellent les faits de la semaine tragique, et, prenant comme piédestal un curé mutilé et une religieuse septuagénaire offensée dans sa pudeur par les rebelles, ils prétendent faire prendre leur haine pour une pieuse indignation.

« Cette campagne est dirigée principalement contre la personne de Ferrer, par haine et par crainte de l'éducation donnée à la classe ouvrière, soit en son École Moderne dont ses adversaires obtinrent la fermeture il y a quelque temps, soit en la série de livres publiée dans la maison d'édition fondée par lui ; par crainte, je le répète, qu'avec la lumière, les opprimés ne se lèvent et secouent un joug indigne d'une race humaine. Pour cela, on a mutilé d'abord et publié ensuite divers passages de ses livres ; on a fait croire aux naïfs que ceux-ci traitaient uniquement d'anarchie, simplement parce que l'enseignement de la religion en était banni.

« Cette campagne menée habilement dans certains cas et avec maladresse dans d'autres, a porté ses fruits : elle a donné un caractère monstrueux à mon client, qui se trouve entouré d'une atmosphère malsaine, qui à elle seule suffirait pour abattre une nature moins habituée que la sienne aux injustices de l'humanité ; elle a inspiré d'indignes dénonciations qui sont graves au point de vue policier.

« A propos de cela, je dois faire observer qu'il est regrettable que l'on n'ait pas porté également au procès-verbal d'enquête copie de la sentence rendue par le tribunal de Madrid, qui eut connaissance de cette série de documents et actes de Ferrer avant l'attentat contre Sa Majesté ; parce qu'ainsi il n'eût pas été nécessaire de compliquer cette cause avec une série de feuillets appelés, selon toute apparence, à aggraver, en ces moments solennels, l'état d'opinion qui accuse Ferrer comme terrible pour ses idées et agissements et qui peut perturber la marche sereine de la justice. Cette sentence d'absolution ôterait toute importance à des proclamations et lettres d'il y a vingt ans, toutes antérieures à l'attentat et empêcherait que l'on en parlât. On ne peut revenir sur ce procès sans en accorder la revision. Il n'est pas possible, ce serait une injustice énorme, que ce qui a mérité l'absolution dans un procès pût conduire à une condamnation dans un autre procès rapidement instruit ; il n'est pas possible que ce qui fut absous par la science juridique soit condamné par une autre juridiction après une discussion écourtée.

A tout ce que je viens de dire, il faut encore ajouter ceci :

un prêt d'une certaine importance avait été consenti par Ferrer à la « *Solidarité ouvrière* » à l'occasion d'une lutte soutenue par celle-ci contre le journal le *Progrès* qui, après avoir affirmé sur tous les tons que les revendications ouvrières constituaient la régénération même de l'Espagne, suivait contre ses ouvriers une ligne de conduite toute différente et capable d'encourager ceux que ce journal avait si souvent traités d'exploiteurs. Dès lors, il a suffi de ce prêt pour que soit considéré comme l'ennemi du parti radical celui que ce parti avait toujours honoré, ce même Ferrer à qui ce parti devait l'organisation de ses écoles, ce fondateur de la Maison du Peuple dont l'utilité fut reconnue par ses ennemis eux-mêmes.

Et ces hommes n'eurent plus aucun scrupule à contribuer par de faux et perfides témoignages à l'œuvre des ennemis de Ferrer.

« Voilà en quelques mots, les éléments qui, réunis par l'intransigeance, par l'égoïsme, par la haine, par l'ingratitude, ont formé cette coalition antiferreriste qui commença par obtenir la prison pour mon client, et continue en ce moment son odieuse campagne pour laisser subsister un doute sur son innocence afin qu'il ne puisse plus dorénavant, avec son action pacifique et éducatrice, troubler leurs plans...

« Une si savante préparation a-t-elle pu influer sur l'esprit de l'honorable juge d'instruction dans cette affaire ? Oui, et à mon sens elle a excité son zèle jusqu'à l'éblouissement.

. . . .

« Le juge, le fiscal, et la majeure partie de ceux qui se sont occupés des faits qui nous amènent ici, n'ont pas voulu comprendre que, précisément, le développement et le chemin que suivit le mal dit « révolution », les maux causés à des êtres inoffensifs, les luttes dans les centres ouvriers indiquent qu'il manqua une tête pour diriger les troubles.

« Vous ne devez point vous trouver offensés, Messieurs du conseil, qu'ayant reconnu la force de ce courant composé d'éléments divers, j'aie voulu, avant d'examiner les faits connus, attirer sur ce point votre attention ; je vous ai prévenus, si vous me permettez cette expression, contre sa poussée. J'ai eu à souffrir en huit jours tant de déceptions, j'ai eu à passer par tant de désillusions depuis que Ferrer m'a honoré de sa confiance, que je suis complètement bouleversé. Il y a dans la société actuelle un niveau moral si bas, une telle déchéance, un si petit nombre d'idées nobles et une telle abondance de viles passions, qu'il faut toute ma confiance en vous pour ne pas perdre l'espoir en votre droiture, en votre noblesse de sentiment et en votre bienveillance ; pour que je croie encore, malgré tout, que vous écouterez avec attention le peu que, *en vingt-quatre heures d'étude*, j'ai pu retirer *d'un dossier de six cent folios*.

. . . .

« Abandonnons pour un moment le fiscal pour lui laisser le temps de tout scruter et de nous fournir quelques faits se rapportant au 27, car un délai de vingt-quatre heures sans qu'on note la présence ou la pression du chef supposé de la rébellion pourrait faire croire que celle-ci savait ce qu'elle avait à faire, et qu'elle n'avait nul besoin des indications de l'homme qui tranquillement, dans le Mas Germinal, attendait le calme pour continuer son travail à la maison d'édition.

« L'Ecole Moderne ayant été fermée sous la pression que j'ai indiquée, comme un foyer d'infection grandement préjudiciable, il songe maintenant à éduquer au moyen des publications : il fonde une maison d'édition et il entreprend avec cette énergie constante qui est sa caractéristique la publication d'un certain nombre de livres qui paraissent à l'étranger, et il défend les droits de la raison contre des traditions surannées ; et cela le met en relations avec des écrivains, avec des philosophes de Paris, de Bruxelles, de Londres, etc. Ainsi, nous voyons en sa possession des milliers de volumes, ainsi nous voyons croître en importance son entreprise d'éditions qui, par malheur pour lui, finit par attirer l'attention. Ses ennemis s'aperçoivent que ses idées avancées, mais rationnelles, lui ouvrent une voie, et s'ils ont jadis fermé son Ecole, ils prétendent aujourd'hui se débarrasser de lui pour en finir avec ses idées, oubliant que ce n'est pas un homme qui les impose : ces idées gardent leur élan et, tôt ou tard, elles abattront, tel un torrent impétueux, ces vieilles digues de l'Inquisition qui pour peu de temps encore s'opposent à leur progrès.

. . . .

« Tous, vous avez lu dans les revues de la presse que, dès le lundi, Masnou et Premia secondèrent le mouvement de Barcelone sans qu'aucun de ces deux personnages (Puig de Masnou et l'alcade Casas de Premia), disposant, l'un d'une autorité morale, l'autre d'une autorité matérielle, s'opposassent à ces actes ; aussi, y a-t-il lieu de les supposer partisans d'une légalité bien contraire à celle que nous avons juré de défendre, et c'est ainsi que le comprit la justice en instruisant contre eux un procès ; en les mettant en prison, jusqu'à ce que, en récompense de leurs dépositions et de leurs déclarations dans cette affaire et dans d'autres, en raison de l'influence de certain personnage, ils ont obtenu une liberté provisoire, poussant à la mort un autre individu, comme Ferrer, moins favorisé par les éléments aujourd'hui influents, ou pour mieux dire haï par ces éléments, qui auront vu avec satisfaction que leurs faveurs paralysent en même temps, par un surcroît de chance, leurs constants ennemis. Ce sont là des fardeaux qui pèsent lourdement sur les épaules d'un homme qui reste seul pour en soutenir tout le poids. »

. . . .

Passant ensuite à la preuve documentaire, le défenseur reprend les arguments de son exorde, examinant les deux proclamations il déclare que, comme elles ne portaient pas de signature on les a produites et montrées constamment comme une charge vague contre Francisco Ferrer, et il fait noter des circonstances bien extraordinaires recouvertes d'un voile épais qui, s'il venait à tomber, pourrait découvrir d'autres choses plus indignes que lesdites proclamations, quelque anarchiques que soient leurs théories.

« Ces proclamations furent trouvées par la police dans l'unique perquisition effectuée en l'absence de toute personne compétente au Mas Germinal, la seule perquisition qui donna un heureux résultat ; mais ces proclamations que mon client ne reconnaît point comme étant de son cru, contiennent des erreurs de principe tellement énormes, et leur rédaction, entre autres choses, apparaît tellement antérieure aux événements, qu'on ne saurait les rapporter au 1ᵉʳ juillet, et que vous resterez convaincus qu'elles furent écrites pour un autre jour et pour un autre objet.

. . . .

« Après avoir montré ce terrain glissant et répugnant que

je ne veux point excuser, bien que j'aie cru convenable de
le signaler à votre attention et pour ne pas me faire complice de la boue que tout ceci a remué, je m'arrê-
terai seulement sur deux points que j'ai effleurés en passant et qui ressortent des dossiers.

« Premièrement, certaines corrections qui figurent au fo-
lio 29, écrit à la machine, ont été l'objet d'une expertise, et
deux graves jeunes gens opinent que la syllabe *va*, qui a
été ajoutée, et la lettre *l* corrigée, peuvent avoir été écrites
par la même main que certaines lettres de Ferrer, qu'ils
produisent, mais ils déclarent qu'ils ne peuvent affirmer
ceci d'une manière catégorique, et ceci est bien différent de ce que soutient le fiscal lorsqu'il vous dit
que les experts affirment que les corrections ont dû être
faites par Ferrer et qu'il ajoute encore, pour que vous
puissiez les constater vous-mêmes, que le *l* ne ressemble
en rien à l'*h* dans l'écriture de mon client.

« Le second point est d'un autre ordre d'idées : c'est qu'il
y a lieu de considérer les dites proclamations comme iné-
dites, ou du moins qu'elles n'ont rien à voir avec la rébellion actuelle, puisque le juge, ayant examiné à plusieurs
reprises ce qui dans les autres affaires se trouve avoir
quelque relation avec celle de Ferrer, n'a pas trouvé encore un seul témoignage qui indique qu'en une seule des
vieilles enquêtes qui ont été faites dans les maisons des
révoltés, ni au pouvoir d'aucun d'eux, on ait trouvé quelque copie ou quelque reproduction de ces manifestes, ce
qui prouve : ou que la circulaire n'a pas été répandue, ou
que ses effets ont été nuls.

« En résumé, messieurs, Francisco Ferrer Guardia, poursuivi pour ses idées rationalistes, combattu et accusé à
l'extrême, compromis un jour dans un crime abominable,
après avoir vu ses écoles fermées, après s'être vu lui-même
constamment insulté par les partis de l'intransigeance,
Ferrer ne se rend pas, il ne demande pas de trêve. Car
au lieu de commander les masses, il éduque, il va au
peuple, il pousse et dirige les autres vers le foyer resplen-
dissant de la raison ; il montre le véritable but de l'humanité, il cherche, il réfléchit, il raisonne, il distribue la
science des savants comme l'unique armement pour les
rébellions futures de cette humanité !

« Et si nous avons vu par le détail qu'il n'a pris parti à
la rébellion militaire ni comme chef, ni comme auteur,

quel inconvénient y a-t-il à reconnaître son innocence ?
à lui rendre la liberté ? à lever le séquestre qui pèse sur
ses biens et à lui permettre, au milieu des embrassements
de sa famille, d'aller raconter aux siens, là-bas, à l'étranger, comment on sait rendre la justice dans l'armée espagnole.

« Je n'ai pas à vous dissimuler que, accédant à ma re-
quête, vous verrez révoquer en doute votre courage par ceux
qui, aveuglés par la haine, ne peuvent concevoir la justice
sans châtiment ; mais il ne s'écoulera pas de longs jours
sans que nous voyions la raison triompher, et ces aveugles
d'aujourd'hui applaudiront à votre fermeté.

« Et si, par malheur pour eux, la lumière de la justice
a cessé de les éclairer pour toujours, souvenez-vous que
les applaudissements de l'opinion ont leur amertume et
provoquent les intimes remords, mais que, par contre, le
mépris qu'on en fait trouve une large compensation dans
les applaudissements de la conscience.

« Agissez donc suivant celle-ci, je ne vous demande rien
de plus. »

IV. Déclaration de Ferrer

Le président du tribunal demande ensuite au prévenu
s'il a quelque chose à dire ; à quoi Ferrer répond que si
on le jugeait pour les événements de la dernière semaine
de juillet et des jours précédents, il était certain qu'on
l'acquitterait, car il serait injuste qu'on l'inculpât pour les
faits survenus durant les vingt dernières années de sa vie.

Ferrer continue en disant qu'il avait un crédit de 90.000
pesetas à la Banque d'Espagne et qu'il en avait dépensé
70.000 dans sa maison d'édition ; il lui restait donc 20.000
pesetas, qu'il aurait certainement retirées s'il eût été coupable, et qu'il ne les a pas retirées, étant innocent.

Il termina en disant que depuis le commencement de ce
siècle, il s'occupe d'école et que son unique idéal est
d'élever le niveau de la mentalité espagnole ; c'est pourquoi tous ses efforts tendent à répandre l'éducation, l'instruction et la culture morale.

Ce simulacre de justice étant terminé, le Conseil de

guerre rendait son arrêt. Mais on prévenait la presse que la sentence ne serait rendue publique qu'après l'approbation du capitaine général. Elle ne fut en réalité officiellement publiée qu'après l'exécution.

Le lendemain du procès tous les journaux d'Europe, *sauf ceux d'Angleterre*, publiaient que les témoins avaient été régulièrement cités et confrontés, que l'accusé avait été interrogé. Le jour suivant on apprenait par une information du *Times*, dont un envoyé assistait aux débats, QU'ON S'ÉTAIT BORNÉ A LIRE *certaines dépositions des témoins et certaines parties de l'interrogatoire de l'accusé*.

Comment une aussi formidable erreur avait-elle pu se répandre ?

On ne tarda pas à se l'expliquer. Une seule agence espagnole s'était chargée de renseigner toutes les autres. Le gouvernement de M. Maura l'avait achetée.

Mais ce n'était pas fini. Il fallait soumettre la sentence à l'approbation du capitaine général de Barcelone, du Conseil supérieur de la guerre, puis du Conseil des ministres. On était au 10 octobre. Les Cortès se réunissaient le 15. Et les trains vont lentement en Espagne. Il fallait activer. On activa.

Le lundi, 11 octobre, dans la nuit, Ferrer fut transféré au fort de Montjuich. Une dernière fois, il passa non loin de sa maison d'édition, Calle de las Cortès, 596. Arrivé au pied de la montagne, il fut conduit à pied au fort.

L'escorte était composée de 30 gardes civils, 30 soldats du génie et 30 soldats d'artillerie, tous à cheval, sous les ordres d'un commandant. On l'installa dans un pavillon séparé.

Ferrer était gai ; il souriait.

On donna des ordres pour refuser l'entrée et la sortie du fort.

LA MORT

Il était dix heures du soir, le 12 octobre, quand la congrégation des Frères de la paix et de la charité reçurent un communiqué signé du capitaine général, lui prescrivant d'envoyer six frères de son ordre assister un condamné à mort.

A onze heures du soir, trois voitures montaient au château de Montjuich, conduisant les religieux qui, après avoir été fouillés et avoir prouvé leur identité, furent introduits dans la prison. Leur arrivée aurait suffi à signaler qu'une exécution allait avoir lieu.

Pendant toute la nuit, d'ailleurs, on put remarquer de sinistres préparatifs. Des patrouilles surveillaient étroitement l'arrondissement gauche de la ville et, dès cinq heures du matin, on put voir défiler dans le *paseo Colon* deux compagnies d'infanterie et deux escadrons montés. Tous les curieux ou rares passants que ces patrouilles rencontraient étaient tenus de les accompagner, de façon à ne point aller répandre en ville le bruit d'une exécution prochaine.

Il pouvait être sept heures quand les habitants du quartier virent avec un frisson deux Frères de la paix gravir lentement la côte, montant à Montjuich, en portant un cercueil destiné au condamné.

Quelques minutes plus tard, montait aussi le défenseur de Ferrer, le capitaine du génie Galceran, qui devait rester dans la forteresse auprès de son client jusqu'aux derniers instants.

Quand arriva, vers huit heures, le général Escrin, qui devait commander le peloton d'exécution, une cinquantaine de personnes tout au plus avaient pu gagner les hauteurs qui dominent les fossés de Montjuich et purent voir les escadrons de cavalerie prendre position dans le fossé Sainte-Eulalie, encadrant les deux compagnies d'infanterie qui allaient rendre les honneurs et... faire feu.

Le soir, vers huit heures et demie, on vint le chercher, dans le pavillon isolé qu'il occupait, dans l'enceinte de la forteresse, pour le conduire au bureau du gouverneur du château. Il s'y trouva en présence du juge d'instruction Raso Negreni, accompagné de son secrétaire et flanqué de quelques soldats en armes. Ce magistrat lui donna lecture de l'arrêt de mort prononcé contre lui par le Conseil de guerre, et ratifié par les autorités de Madrid. Il lui fit savoir que le conseil suprême et le conseil des ministres avaient refusé de transmettre au roi aucune demande de grâce. C'était donc la mort.

Ferrer écouta en silence, pâlit un peu, mais conserva une attitude calme et digne, dont il ne devait pas se départir. De son paraphe ordinaire, il signa avec fermeté le procès-verbal, notifiant que le condamné avait entendu lecture de sa sentence, et il suivit, sans prononcer une parole, ses gardiens qui le reconduisaient dans sa cellule.

Celle-ci était pleine de geôliers et de soldats en armes. On ne laissa le prisonnier toucher à aucun des objets familiers qu'il avait quittés peu d'instants auparavant. Et la fouille commença. Une fouille méticuleuse, qui ne devait laisser au condamné à mort rien qui pût lui servir à une tentative de suicide. On lui retira le moindre lacet, le moindre bouton, et on lui fit endosser des vêtements agrafés d'une façon spéciale.

Cependant, une longue nuit de veille lui était réservée. Il le savait quand il suivit d'un pas ferme les soldats qui le conduisaient en chapelle.

Cette aggravation de la peine est d'un usage constant en Espagne, et elle est d'essence purement religieuse. Les législateurs qui en ont prescrit l'usage prétendent par là accoutumer le condamné à l'idée de l'éternité, et veulent le laisser seul à seul avec sa conscience en face de la croix et du saint-sacrement. C'est ordinairement dans une cellule de la prison que cette chapelle rudimentaire est improvisée. Ce tête-à-tête avec l'idée de la mort dure généralement vingt-quatre heures, et le condamné a le droit, pendant ce délai, de s'entretenir avec son confesseur et avec sa famille.

Pour Ferrer, la chapelle avait été installée dans un local voisin de la place d'Armes qui est au centre du château de Montjuich. Il y trouva le père Font, jésuite fameux qui, jadis, assista pendant cette même veillée funèbre plusieurs condamnés politiques.

Mais sa pauvre vieille mère ne fut point appelée.

D'un geste de la main, Ferrer refusa les services du religieux. L'aumônier du château vint le trouver pour essayer de vaincre sa résistance et deux autres prêtres s'approchèrent successivement de lui dans le courant de la nuit, pour lui offrir les « secours de la religion ».

Les exhortations des Frères de la charité, qui restèrent auprès de lui dans la chapelle, n'eurent pas plus de succès. Ils se bornaient pourtant à lui offrir, avec de bonnes paroles, quelques aliments, ou du vin, ou des liqueurs, voire même simplement du tabac. Mais l'homme qui allait mourir ne se laissa aller à aucune de ces complaisances physiques qui trompent l'organisme et ajournent l'angoisse. Avec une opiniâtreté calme, il refusa tout.

Après avoir marché longtemps, le front penché, Ferrer exprima cependant le désir de dicter à un notaire ses dernières dispositions. On fit aussitôt mander Me Juan Permanyer, qui resta avec le prisonnier pendant plus de sept heures. Au moment où l'homme de loi pensait avoir terminé la dernière expédition de ce testament, qui dépasse de beaucoup la portée d'un simple document de famille et revêt le caractère d'un manifeste politique, Ferrer se souvint tout à coup qu'il avait omis une clause sans doute importante. On rappela Me Permanyer et la dictée recommença.

Voici les principales dispositions du testament que cet homme d'un caractère admirable eut le tranquille courage de dicter, quelques heures avant la mort cruelle qui l'attendait :

« Je proteste avant tout, avec toute l'énergie possible, contre la situation inattendue du châtiment qu'on m'a infligé, me déclarant convaincu que, avant très peu de temps, mon innocence sera publiquement reconnue.

« Je désire qu'en aucune occasion, ni prochaine, ni lointaine, ni pour quelque motif que ce soit, on ne fasse devant mes restes de manifestations d'un caractère politique ou religieux, considérant que le temps qu'on emploie à s'occuper des morts serait mieux employé à améliorer la condition où se trouvent les vivants, et dont la plupart auraient grand besoin.

« Quant à mes restes, je déplore qu'il n'existe pas de four crématoire dans cette ville, comme il y en a à Milan, Paris et dans d'autres villes, car j'aurais demandé qu'ils y fussent incinérés, en faisant des vœux pour que, dans un temps non lointain, les cimetières disparaissent pour le bien de l'hygiène, et soient remplacés par des fours crématoires ou par un autre système permettant encore mieux la rapide destruction des cadavres.

« Je désire aussi que mes amis parlent peu ou point du tout de moi, parce qu'on crée des idoles quand on exalte les hommes, ce qui est un grand mal pour l'avenir humain.

« Les actes seuls quels que soient ceux dont ils émanent, doivent être étudiés, exaltés ou flétris : qu'on les loue pour qu'on les imite quand ils paraissent concourir au bien commun ; qu'on les critique pour qu'ils ne se répètent pas, si on les considère comme nuisibles au bien-être général. »

Ferrer laisse à un ami de toute confiance les instructions et les moyens nécessaires pour poursuivre son œuvre d'éducation en continuant les publications de l'Ecole Moderne. Parmi les livres qu'il recommande, se trouvent : l'œuvre de Kropotkine (il préparait la publication de la *Grande Révolution* lorsque survinrent les événements tragiques) ; les trois livres suivants : *l'Evolution des Mondes*, par Nergal ; *l'Histoire de la Terre*, par Sauerwein ; *l'Origine de la Vie*, par Pargame ; le livre du docteur Toulouse : *Comment se forme une intelligence*, et cinq volumes qu'il apporta d'Angleterre et annota.

Il recommande aussi à son ami d'aller quand il le pourra en Allemagne et en Italie, pour s'y procurer de bons livres de texte, ce qu'il avait l'intention de faire lui-même, vu le bon résultat que lui avaient donné ses recherches en Angleterre. Finalement, Ferrer recommande, dès que ce sera possible, la publication d'une revue ou d'un journal hebdomadaire traitant de l'éducation rationnelle et du syndicalisme, dans lequel seront annoncées exclusivement les œuvres de l'École Moderne.

Ferrer, qui ne voulait point s'agenouiller, tint à se tenir constamment debout dans la chapelle où on l'obligeait à passer ses dernières heures de vie, et toute la nuit il arpenta l'espace restreint laissé à sa disposition entre les rangs des religieux qui égrenaient leurs chapelets.

Il était 8 h. 45 exactement, et le jour était levé depuis bien longtemps, quand on vint avertir Ferrer qu'il devait se préparer à marcher à la mort.

Il déclara aussitôt qu'il était prêt.

Mais il lui fallut encore attendre que les autorités du château aient procédé méticuleusement à l'opération du tirage au sort. — C'est ainsi, en effet, que doivent être désignés les religieux et les soldats qui assistent aux exécutions et y prennent part.

Enfin, tout fut réglé. L'escorte se forma et, placé au centre du peloton, Ferrer se mit en marche au pas des soldats.

L'aumônier du château s'était placé à ses côtés et murmurait sans doute des « paroles de paix et de suprême consolation ». On entendit nettement Ferrer, d'une voix douce et ferme, le prier de se retirer. Mais le prêtre répondit que son devoir lui commandait de rester à son poste.

— Alors, c'est bien, répondit Ferrer.

Et ces deux hommes, si loin l'un de l'autre, continuèrent à marcher côte à côte et ne se parlèrent plus.

Le trajet fut long. Il fallut traverser une étendue assez vaste des dépendances du château pour aboutir à une poterne qui s'ouvrait enfin sur le fossé Sainte-Eulalie.

A cette poterne, Ferrer fut reçu par le gouverneur du château de Montjuich lui-même qui l'attendait entouré de plusieurs autres fonctionnaires.

Ferrer continuait de s'avancer d'un pas ferme, la tête haute.

Arrivé devant le gouverneur, comme son escorte s'était arrêtée, il le regarda et attendit ses questions.

— Avez-vous quelque dernière prière à nous faire ou

quelque recommandation à me confier? lui demanda le gouverneur.

Ferrer le regarda et répondit :

— Je voudrais simplement, si la chose est possible, n'être pas forcé de me mettre à genoux et n'avoir pas les yeux bandés.

Il y eut entre les officiers présents un colloque assez prolongé. Etait-il permis d'accorder à cet homme de mourir ainsi? Après un échange de réflexions à mi-voix, le gouverneur trancha la question en accordant à Ferrer le droit de recevoir la mort debout, mais en maintenant de façon absolue sa volonté de lui bander les yeux.

— Je vous remercie, dit Ferrer.

On le conduisit alors vers l'extrémité du fossé, le long du mur, à peu de distance duquel étaient déjà rangés les soldats d'infanterie, alignés sur deux rangs et qui formaient le peloton d'exécution.

Ferrer avait les mains liées derrière le dos. On lui banda les yeux et il resta seul, tout droit, la tête dressée très haut, comme s'il eût voulu voir, malgré le bandeau, les fusils braqués devant lui. Il avait avancé légèrement le pied droit et semblait ainsi se pencher un peu en avant comme s'il bravait la mort.

Avant que les fusils s'abaissent, il cria d'une voix forte :

Hijos mios, apuntad bien ! No tenéis la culpa. Soy innocente. Viva la Escuela Moderna !

(Mes enfants, visez bien ! Ce n'est pas votre faute. Je suis innocent. Vive l'Ecole Moderne !)